霊 誰かに話したくなる怖い話

ナムコ・ナンジャタウン「あなたの隣の怖い話コンテスト」事務局 編

二見レインボー文庫

はじめに

「もしもし、あたし、ユキちゃん。今日はいっしょに遊べてうれしかったね。今度近くに引っ越してきたので、よろしくね。また、会えるとうれしいな」

「あなたの隣の怖い話コンテスト」事務局のスタッフのなかに、ある日、こんな言葉が留守番電話に録音されていたという人がいました。

子供の声のような感じもするし、聞き直してみると、高校生くらいの声にも聞こえます。なんとなく耳について離れないその声に、彼は聞き覚えはないし、それ以前に、ユキちゃんという名前にもまったく覚えがないのだそうです。

彼の留守番電話の応答メッセージは、きちんと名前を入れているので、めったに間違い電話がかかってくることはありません。その日以来、留守番電話に設定するのが怖くなった、と彼は話してくれました。そんな気持ちにさせる、いいようのない気味の悪い声だったのです。

ただの間違い電話であればいいのですが、これがどこか〝この世とは別の世界〟からのメッセージだとすると……と考えていた矢先に、今回の「あなたの隣の怖い話コンテスト」に応募された数多くの作品を読んでいて、愕然としました。

ずいぶん多くの人が、電話や携帯、パソコンから送られてくる奇妙で恐ろしいメッセージを受け取ってしまったり、日常では考えられない異変を体験していることを知ったのです。どこでどう繋がっているのかわかりませんが、間違いやイタズラということでは納得できない不気味なことが起こっているのです。

実に多くの方が、自分には決して襲いかかるはずはないと思っていた怪異な出来事に巻きこまれて、そのとき初めて、この世のものではないものの存在を見せつけられるという経験をされています。

そして、何人かの方は、現代の科学の象徴ともいうべき通信機器が異界にアクセスしてしまった——というところが、まさにこの時代の特徴のように思われます。もちろん、「行ってはいけない場所」や「霊魂の集まる場所」では、空気の歪みや何かの気配があり、やはり恐怖体験をする人は多いのですが、それはかりではないのです。

普通の人が、安全と思われる生活を当たり前に送っていても、「何か」はどんな手段を使っても、こうと決めた人に近づいているとしか思えません。

亡くなった人の棺のなかに入れたはずの携帯から電話がかかってきたら、それをどう説明すればいいのでしょう。

あなたは大丈夫でしょうか?

実際に体験した人でなければわからない、身の毛もよだつとはこのことだという話を、本書には五十本収録しました。もしかしたら、あなたのまわりでもおなじようなことが起きているかもしれません。今夜、何かが起こっても不思議ではありません。本書を読み終わった夜は、どうぞ部屋の明かりはそのままにしておいてください。

この本に採用した体験談に登場する人物、団体名はプライバシーを考慮して、すべて仮名にしてあります。


ナムコ・ナンジャタウン「あなたの隣の怖い話コンテスト」事務局

※「怖い話」の募集は、現在は行なっておりません。
※「ナムコ・ナンジャタウン」はリニューアルのため「ナンジャタウン」に名称変更となっております。

目次

第一章　身の毛もよだつ戦慄の実話

午前三時二十分の恐怖メール　12
夜中のトイレは命取り　19
蛙沢のシャレコウベ　25
深夜に天井を叩くのは誰？　31
不思議な電話ボックス　34
戦慄の「だーれだっ？」　38
海岸通りの闇に浮かぶ人影　42
五十年ぶりの再会　49
真夜中、旧解剖室の二階で　55
死んだ友達からの呼び出し音　60

第二章　怨霊の潜む歪んだ空間

このアパートが産婦人科だったころ……　64
もし、ドアを開けてしまったら……　69
夕闇の放送室で聞こえる「フフフ」　72
私、いま、人を殺しました　75
死を招く非通知電話　79
弟とふたりだけの〝かくれんぼ〟　83
世にも怪奇な携帯電話　86
声は聞こえるのに姿が見えない!?　92
目に見えない何かがいる　96
布団が重くなったと思ったら……　99

第三章　血も凍る死者からのメッセージ

霧の夜に潜む冥界　104
ひとりで死ぬのが怖くて……　110

来る……誰かが……来る　114
氷のように冷たい手の女　119
誰にもいうなよ！　127
祖父の新盆の夜　130
死んでも終わりじゃない　133
救急病院の姿なき介護人　136
見守られる命　141
二十年前の捜索願い　144

第四章　冥界につながるミステリー・スポット

廃墟に残る恐怖のカルテ　150
夕暮れの校舎にたたずむ少女　158
私の身体を返して！　162
このお札、絶対に見ないでください　167
水まわりには霊がつく　174
異界に止まるエレベーター　177

民宿の仏壇に飾られた写真 182
老舗旅館の「ここだけの話ですが……」 185
入ったらあかんとこに入ったな 188
顔に当たる生暖かい風 192

第五章　闇にうごめく霊魂の恐怖

不吉な風景画 196
「怪談大会」の夜に 202
もうひとりの自分と出会ったら…… 204
郵便受けから覗く女 209
なかなか寝つかれぬ夜に…… 215
ひとりで家にいるのが怖い 217
この世のものではないもの 221
土産のフランス人形 225
目を開けたまま死んでいる猫に会ったら…… 230
病院の闇にうごめく影 235

本文イラスト……日野浦　剛

第一章　身の毛もよだつ戦慄の実話

午前三時二十分の恐怖メール――宮島正紀(二十七歳)

私にとってパソコンは必需品です。

会社の仕事を家に持ち帰り、深夜、自分の書斎で仕事をすることも多く、なかなか会えない友達とはメールで連絡を取り合っています。おなじ屋根の下に住む妻でさえ、必要なことはメールで送信してきます。これは、私の帰りが遅い日にかぎってのことですが、帰宅後、かならずパソコンの前に座る私には、リビングに手書きのメモを残すよりも確実な方法だと、妻は知っているからです。

メールをする人なら誰でも経験のあることだと思いますが、困ったことにときどき、迷惑メールやいたずらメールが入ることがあります。差出人がわからず、添付ファイルのついているものは、もちろん開かず、そのまま削除してしまいます。

ところが、二カ月ほど前だったでしょうか。少し妙なメールが来ました。それは「みゆき」と名乗る女性らしき人物からのものでした。

「お久しぶりです。急ですが、あなたにお貸ししていたものを返してください。困っています。
　みゆき」

みゆき……？

そんな名前にはまったく心当たりはなく、当然、何かを借りた覚えなどありません。きっといたずらだろうと思い、とくに気にもせず、そのまま放っておきました。

しかし、一週間後のおなじ日。またメールが来ました。

「メールをいただけるのを待っていましたが、どうしてお返事くださらないのですか。とにかくとても困っています。早く返してください。　みゆき」

二度も送ってくるなんて、手のこんだいたずらだなあと思いましたが、私には関係のないことなので、やはり無視しました。

するときっちり一週間後に、また来たのです。

「いい加減にしてください。このまま無視をつづけるのなら、直接そちらに伺います。みゆき」

怒っている女性の顔が目に浮かびました。こちらが反応しないにもかかわらず三度もおなじようなメールを送ってくるところをみると、宛先を間違えているのかもしれません。

私は、勘違いをしていることを教えてあげようと、メールを返信しました。

「申し訳ありませんが、私はあなたに何かを借りた覚えはありません。メールアドレスを勘違いされているのではないでしょうか」

私のメッセージに何も返ってこなかったので、誤解がとけたかと安心していたのですが……ちょうど一週間後、パソコン上にメッセージが映し出されました。

「あなたはどうして嘘をつくのですか。あなたのせいで私の人生はめちゃめちゃです。つらいんです。とにかく返してもらいます。　みゆき」

　少し背筋が寒くなりました。

　いくら人違いとはいえ、こんな恨みがましいメールを読まされたのではたまりません。相手が見えないだけに、気持ちのいいものではありませんでした。

　そして、それまでのメールの記録を見て、あることに気がついた私は、さらに愕然としました。「みゆき」からのメールはすべて金曜日の午前三時二十分に発信されているのです。いったい何の理由があって、毎週おなじ曜日のおなじ時刻にメールを出しているのでしょうか。

　それから一週間後。もしかしたら「みゆき」からのメールがまた入っているかもしれないと思うと、私はパソコンを見るのもいやになっていました。けれども、一方では、もう誤解がとけて「みゆき」からのメールは来ていないかもしれないという期待もありました。それを確認するために、私は気を取り直して、メールを立ち上げました。

　しかし……。みゆきのメールはそこにありました。それを見たとたん、私はメールの終了も忘れて、パソコンの電源を落としてしまいました。

そこには、

「歯を返して歯を返して歯を返して歯を返して歯を返して歯を返して歯を返して歯を返して歯を返して歯を返して」

とあったのです。

二、三日はパソコンの前に座るのもいやでした。しかし、仕事のためにはそうもいっていられません。徐々にいつものパターンに戻っていき、次の木曜日には帰宅後、深夜まで書斎にこもって仕事をしていました。翌日までに仕上げようと思っていたものがあったのですが、途中で睡魔に襲われた私はそのまま書斎で仮眠をとって、頭をすっきりさせることにしました。普段は二階の寝室に行き、妻とおなじベッドで眠るのですが、また朝早く起きて仕事のつづきをしなければならず、ぐっすり眠っている妻を起こしてはかわいそうだと考えたのです。

あのとき、二階に行っておけばよかったのです……。

ソファに横になり、壁のカレンダーに目をやったとき、初めて、今日が金曜日であることに気づきました。思わず肩に力が入りましたが、大の大人が何を怖がっているのだと、自分で自分に言い聞かせ、とにかく少しでも眠ろうと、毛布をかぶりました。しかし、いつもと違ってなかなか寝つけません。毎日、横になると五分もしないうちにぐっすり寝つくことができるというのに、その日にかぎって目が冴えてしまっていたのです。

毛布をすっぽりかぶっているのに、手足がゾクゾクしてきました。寒けは全身に広がってきます。まるで窓の外から冷気がヒタヒタと迫ってくるのが目に見えるようでした。

それでも、疲れがたまっていたのか、目を閉じてうつらうつらしはじめたときです。

突然「ブウォン」という大きな音がして、薄暗かった部屋が明るくなりました。白っぽく部屋を照らす光の正体を見て、私は思わず声をあげそうになりました。パソコン画面の明かりがついていたのです。もちろん、私はパソコンの電源など入れていません。

何が起こったのかわからないまま、言い知れぬ不安を感じながら、私は電源を切ろうとパソコンに近づきました。

パソコンの画面には何も映っていません。ただ濃いグレー一色で塗りつぶされているだけのような状態でした。

〈壊れたのか？〉

それまでに一度もない状況だったので、どうしようかと、パソコンの前に立つと……。

「タン、タン……」

スピーカーから定期的な音が流れてきます。

一刻も早く電源を切らなければという思いと、いったい何の音なのか確かめてみたいという思いが入りまじり、私はその場に凍ったように立ちすくんでいました。

すると、今度は私の携帯の音が部屋じゅうに鳴り響きました。飛び上がるほど驚いて、携帯のほうを見ました。

〈いったいこんな時間に誰が……？〉

恐る恐る携帯のディスプレイを見ると、それは着信ではなく、セットした覚えのないアラームが鳴っていたのです。

いやな予感がしました。

ゆっくり顔を上げ、部屋の壁にかけてある時計を見ると……。ハリはちょうど三時二十分を指していました。

足もとから血が逆流してきます。

そのときです。パソコンの画面が急に明るくなり……、振り返って見ると、そこには、女の顔が浮かび上がっていました。

長い髪を振り乱した女の口は大きく開かれています。

そして、そこには歯が……一本もなかったのです。

むき出しになった上下の歯茎をカスタネットのように合わせて「タン、タン……」と鳴らし、こちらを見て笑っていました。

私が恐怖のあまり叫びだしそうになった瞬間、「バタン！」と大きな音をたてて書斎のドアが開きました。そしてそこには……女が立っていたのです。

女は笑っているようにも、泣いているようにも見える顔で私を見ました。

私の記憶はここまでです。

妻に起こされるまで、私は意識を失っていました。

妻によると、私の携帯音で目が覚めた妻が書斎にやってきてみると、私が倒れていたので驚いたということでした。すると、私が最後に見たのは、妻の姿だったのでしょうか。では、パソコンに映っていたあの女は何者なのでしょうか。ウイルスのいたずらであのようなことが起こったのかもしれないと思い、修理に出しましたが、「検査の結果、異常なし」ということで、そのまま戻ってきました。

考えれば考えるほど気味が悪く、パソコンは捨ててしまいました。そして、新しいパソコンを購入しましたが、またメールが入ってくるかもしれないと思うと、怖いのです。妻には「仕事のしすぎで疲れているのよ」といわれますが、もう二度と書斎で眠る気にはなれません。

そして、気になっていることがふたつあります。

ひとつは、携帯電話です。あれからすぐに新しいものに買い替えたのですが、いまでもときどき、午前三時二十分になると、セットしていないアラームが鳴るのです。

そして、もうひとつは私が気を失う前に見た、あの女……。妻だと信じたいのですが、あの女は長い髪を振り乱して立っていました。妻は、ショートカットです……。

夜中のトイレは命取り――蓮池もね（十九歳）

これは、私が夏休みに軽井沢の山小屋で住込みのアルバイトをしたときの話です。

その山小屋は軽井沢の駅からはかなり遠く、奥まったところにあって、夜になるとあたりは文字どおり真っ暗闇に包まれました。民家やコンビニはもちろんのこと、外灯ひとつありません。昼間なら、まだ散策する人や、ときおり木立の向こうを走り去る車の影も見えたりするのですが、日が暮れると、まったく人影もなく、不気味なほど暗く静かでした。

私にとっていちばん怖かったのは、夜中にトイレに行くことでした。トイレは小屋を出て、ほんの五秒ほどですが、暗闇のなかを歩いて、別の棟に行かなければならなかったのです。たったの五秒間……、でもその〝魔の五秒〟が恐ろしくて、私は夕食後には水分を控えていたほどです。

夏のシーズンのなかでも最も忙しいお盆がやっと過ぎた、ある晩のことです。バイトたちだけで慰労会をすることになりました。本当はあまり飲まないでおきたかったのですが、先輩たちにつがれるまま、私はビールをどんどん飲んでしまいました。

その飲み会には、去年の夏にアルバイトをしていたさゆりさんも来ていました。彼女は地元に住んでいるので、にぎやかな慰労会になるようにと、おそらく、オーナーが誘っていたのでしょう。

ようやく忙しさを乗りきった解放感から、みんな思う存分飲んで、大いに盛り上がっていたとき、さゆりさんがコップを手にしたまま、私の横に座りこんで、こんな話を始めたのです。

「裏にトイレがあるでしょ？　あそこで何年か前に、人が死んだのよ」

「トイレで人が？　やめてくださいよ、そんなデタラメいうのは」

私が苦笑いすると、さゆりさんは急に大真面目な顔になりました。

「本当よ。酔った女の人が転んで、便器に頭をぶつけたの。真っ赤な血で水を染めてね……。だから、あのトイレはいまでも水を流すと、ときどき真っ赤な血が流れるのよ……」

私は自分の顔が少しだけこわばるのを感じましたが、さゆりさんとはそれ以上、話をせず、聞き流すことにしました。ですから、慰労会がお開きになるころには、すっかり忘れていたのです。

すっかり夜も更けてから解散し、二階の自分の部屋に戻って布団のなかに入りました。ところが、飲みすぎたビールのせいで、やはりトイレに行きたくなってしまったのです。とても朝までは我慢できません。

私は意を決して起き上がると、薄暗い階段を一歩ずつ降りていきました。

「ギシギシ……」

足を下ろすたびに、軋《きし》むような音が闇のなかに響きます。昼間は少しも気にならない音が、妙に不気味に耳に残りました。

〈誰かが足もとにうずくまっていたら、いやだな……〉

そんなことをふと考えてしまうと、暗さに耐えられず、私は手探りで電気のスイッチを探しました。そのとき、何かが手に触れたような気がしたのですが、気のせいだと自分に言い聞かせて、スイッチを押しました。

あたりが明るくなると、私は階段の下にあるサンダルを履き、勝手口に向かいました。

「ズズ……ズズ……」

サンダルをひきずる音が異様に大きく聞こえます。

真っ暗闇へとつづくガラス戸の取っ手に手をかけました。

〈開けたら、血まみれの女の人が……?〉

こんなときにかぎって、そんな恐ろしい思いばかりが脳裏に浮かんでしまうのはなぜでしょうか?

思いきって戸を開けました。

もちろん、誰もいません。そこには、墨を流したような闇があるだけでした。

足もとに室内からの光の筋が伸びています。一本の光は周囲の暗闇をいっそう際立たせ、恐怖感をあおりました。

〈あれは……何?〉

トイレの手前に、ぼんやりと何かが立っています。

それは、作りかけの看板でした。そういえば、昼間、オーナーがあそこに置くのを見ていました。

〈大丈夫、何も起こらない、何も起こらない……〉

私は自分に言い聞かせながら、トイレに入り、ドアを閉めました。

和式のトイレに屈みこみ、無防備な姿になります。

と、そのとき……はっきり感じたのです。

〈後ろに、誰かいる……〉

目の前の白い壁がゆがむような恐怖を感じ、背筋を寒けが駆け登ってきました。

〈怖い怖い怖い怖い……！〉

全身に思いきり力を入れたまま、トイレットペーパーに手を伸ばしたとたん、私の手の甲に冷たい何かが、触れました。

白い……手です。真っ白な手が私の手に重ねられています。

声もあげられず、操り人形のように立ち上がった私は、見てしまったのです。便器のなかを……。

真っ赤な水面。そして、そこにたしかに映った髪の長い女の顔。白い眼球をむき出し、血に濡れた髪を顔の前にだらりと垂らし、裂けんばかりに両の口角を上げて笑っているような、泣いているような、歪んだ顔。

「ギャー！」

私は目をつぶり、乱暴に足でレバーを踏んで水を流すと、一目散に走り去りました。

それから先の記憶がありません。

気がつくと、朝になっていて、私は布団に横たわっていたのです。

「昨日、さゆりさんがあんな話するから、私、怖い夢見ちゃったよ」

私がぽつりと漏らすと、バイト仲間の男の子が不思議そうな顔をしました。

「誰だよ、さゆりって」

そして、そばにいたオーナーの顔が見る見る青白くなっていったのです。

私はそのとき、初めて知りました。

さゆりさんは招待されていませんでした。彼女は来られるはずがなかったのです。そう、酔ってトイレで死んだという女の人こそ、「さゆりさん」だったのですから。

それから、夏休みの最後の日まで、私は夕食後には一滴も水分をとらず、夜のトイレには近づかないようにして、残りのバイト期間を消化しました。

ようやくバイトを終えた日、給料をもらうと、私は急いで駅に向かいました。どこからどこまでが現実だったのか、夢だったのか、わかりませんが、何もかも錯覚だったと思いたい気持ちでいっぱいでした。一刻も早く、いつもの生活に戻って、山小屋のことは忘れてしまいたい。そのときの願いはそれだけでした。

ところが……、何も終わってはいなかったのです。

駅のみどりの窓口に立ち、駅員に行き先を告げると、彼はこういったのです。

「おふたり様でよろしいですか？」

私の後ろから、この女がいなくなる日は来るのでしょうか……？

蛙《びっき》沢のシャレコウベ――十和田の岩魚（五十一歳）

渓流の山女魚《やまめ》や岩魚《いわな》につかれて数十年。

青森県の霊場で知られる半島にある枝川に向かったのは、解禁まもない春のことでした。昼でも暗い杉沢を抜ける途中、右後頭部の首の付け根に鈍い圧迫感を覚えた私は、一瞬、足を止めました。耳の産毛《うぶげ》が逆立って、軽いめまいも感じます。危険な場所に知らず知らず足が向いているときには、かならず起こる症状……。

釣らないで帰るかと迷わなかったわけではありませんが、まさか命まで取られることはないだろうと、気がつけば竿を握っていました。

その沢は地元で「蛙沢」と呼ばれていました。私の故郷、山形の方言では「ビッキ」は「カエル」のことで、ほかの意味はありません。たかが蛙、蛇よりはましです。でも、無数の蛙が足もとにすがり、身体を這い、全身の穴という穴から入りこんだら……と想像すると、ゾッとします。背後から首筋をなめられるのではないかという恐怖と闘いながら、間伐も枝打ちもされていない杉山を急ぎました。

しばらくすると、目の前に切り立った崖が現われ、見上げるとウソのような青空が広がっています。肩まであるフキの葉をかきわけ、やっとのことで川に出ました。大きく左へ蛇行すると、屏風《びょうぶ》のような砂防ダムが見えます。落ち込みに大物の気配を感じて胸が躍りました。柔らかな水しぶきが岩にはじけ、水面はキラキラと輝いています。数日前の大雨を物語るように、中洲には流木の残がいがあり、枝先が痩せ細った子供の白骨のように置き去りにされていました。

遠目にオタマジャクシの塊を見つけましたが、よくよく見て、それがすべて岩魚の群だと確認したときには、その場にヘタヘタと座りこんでしまいました。

はやる気持ちをぐっと抑えて、震える手で岩場に竿を送ると……まるで鯉のように餌に群がってきます。

ここの岩魚は人間を知らないのかと驚きながら、竿をあげると、尺（約三十センチ）を超す大物ばかりがかかります。数分もすると、石で組んだ生け簀《いす》のなかは、地元で「赤岩魚」と呼ぶ、白い斑点も鮮やかな腹の赤い大和岩魚でいっぱいになりました。

静けさのなか、背中が朱に光る小さな蛙が似合わない声で「カッカッカッー」と鳴き、その声に思わず我にかえりました。

流れを頭にして一列に並ぶ岩魚の律義《りちぎ》な姿は愛くるしく、とても持ち帰って焼いて食うという気にはなれません。それなら、すぐに逃がしてやればいいものを、おにぎりを片手に「いい型だなあ。何センチあるかな」などと余韻を楽しんでいると、沢風が急に強くなり、寒さが襲ってきました。

気がつけば、陽はわずかにダムの上部を照らすだけで、うっすらと射してくる影が山の日暮れの早さを物語っています。

「いいか、二度と釣り人なんかにつかまるなよ」

釣った岩魚を川に放つと、私は帰り道を急ぎました。杉山を越えるまでは安心できません。垂れ下がる杉の枝を払いのけながら、幹の輪郭がわかるだけの暗い道を這うように進み、息を調えようと立ち止まりました。

そして、何気なく時計に目をやると、まだ午後二時です。夕刻だとばかり思っていたのに、キツネにでも化かされたような気持ちでした。

ひとり山奥に来たので、必要以上に臆病になっていたのかもしれません。そう思うと、酒の肴《さかな》にもう二、三匹釣ってから帰ろうと欲が出てきました。

そうして、ふたたび川に戻り、竿を投じたときです。

「ケラ……ケラケラ……ケラケラ……」

笑い声が聞こえました。子供の声のような笑い声です。

〈…………？〉

ひとりで深山に入ると、寂しさや極度の緊張、疲労で幻聴や幻覚が起こるものだと、昔、祖母から聞かされたことがあります。きっとせせらぎの音か風のいたずらだろうと、首を横に振りましたが、

「ケラ……ケラケラ……ケラケラ……」

笑い声は消えません。

心細さを感じ、体力もそろそろ限界だと判断した私は、納竿することにしました。

ところが、日頃の運動不足と長時間水に足を浸したせいか、突然右の太股に激痛が走りました。立っていることができず、傍らの石に腰掛け、つった右足を揉みました。しばらくすると、痛みも和らいだのでやれやれと立ち上がろうとしたとたん、今度は左足に激痛が……。

〈ヤバイ！　これじゃあ、帰れない〉

脂汗をかき、もがきながら、両足を投げ出して叩きました。

そのとき、ふと川下に白い物体が見え、川面を横切りました。

〈ハンカチ……？　霧……じゃないよな……〉

荒い呼吸でもう一度目を凝らすと、そこには無数のシャレコウベが浮いているではありませんか。

波間に漂う大小のシャレコウベが私を睨み、「ケラ……ケラケラ……ケラケラ……」と、嘲笑《あざわら》っています。

朽ちた市松人形の髪の束のようなものが絡みついているものもあります。

私は痛む足を引きずりながら、その場から逃げ出すことしか考えていませんでした。来た道を見つけ、喘ぎながら歩きつづけ、一息つくと、あの忌まわしい沢も遠ざかっていました。

尋常でない川であることは、山道に設けられた真新しいしめ縄が物語っていました。鬼門の大杉に御幣《ごへい》が縛られ、鳥居の奥につづく山門のそばには観音堂を取り囲むように山吹の花が咲き乱れています。

その安堵も長くはつづきませんでした。突然、傍らの地蔵が動いたのです。

「うわあ！」

思わず、声をあげましたが、もう一度見ると、それは石仏と同化したような老婆でした。

「おめえ、どっから来た。土地もんじゃねえな」

曲がった腰でなめまわすように観察され、初めて自分の顔が傷だらけで、身体は泥まみれなのに気づきました。

「なーんも知らねえで来たのが。おめえさまは、えらいバカこだなあ」

なんのことかわからず、無愛想な婆さんだなと思いましたが、わけを聞き、私はふたたび凍りつきました。

私が入渓した場所は地元の人でも気味悪がって、めったに近づかないといいます。そこは昔、不幸にして死産や、経済的な理由で命をつなげなかった幼児を川に葬った場所だったというのです。

観音堂はそうした苦しみをもつ人々を救うために建立されたのでした。さらに下北半島や県南では「蛙」のことを「赤児」と呼んでいることも知らされました。

その日は、老婆の娘の命日だったといいます。

私が朝からの経過を話すと、老婆はゲラゲラ笑い、霊は波長の合う人を探していて、理解してほしくて頼るのだと話してくれました。

老婆にも、早く記憶から消したい思い出があるのかもしれません。

「なーんも。昔の話だあ」

と言い残すと、足早に去っていきました。

そういえば、観音堂を取り囲むように咲き乱れていた山吹の花の別名は、たしか「埋葬花」でした。

深夜に天井を叩くのは誰？——伊藤加奈（二十七歳）

　私が都内のマンションに引っ越したのは、二年ほど前のことでした。部屋は広くて日当たりもよく、家賃は決して安くはありませんでしたが、私は気に入っていました。

　その部屋に暮らしはじめて半年ほど経ったころ、下の部屋に新しく誰かが引っ越してきたのですが、その夜からおかしな音がするようになりました。深夜に「ドンドン」と天井を突くような音がするのです。その日は引っ越しの片づけか何かでドタバタしているのだろうと思っていたのですが、次の日も、その次の日も深夜の騒音はつづきました。

　私は仕事が忙しく、帰宅するのはいつも遅いので、帰ったらすぐにでも眠りたいのに、毎晩の騒音のおかげで寝不足になってしまいました。

　そんな日がつづいた、ある週末の昼間。部屋でくつろいでいると、また下から「ドンドン」と突き上げるような騒音が始まりました。そしてしばらくすると、ひどく怒ったようすの男の人が訪ねてきたのです。下の住人でした。

　あろうことかその人は、私に向かって「夜中にドンドンと騒がしい音をたてるのはやめてくれ」というようなことを早口でまくしたてました。

「ドンドンとうるさいのはそっちでしょう」

私も負けずに言い返しました。ところが、男の人は、

「お宅がうるさくするのだから、仕返しするのは当然でしょう」

と、平然といいます。

あきれました。私を毎晩悩ませていた騒音は、下の住人の仕返しだったのです。けれども、私は大きな物音をたてた覚えもなければ、仕返しをされるようないわれもありません。けれども問題は、仕返しをするというような人が下に住んでいるということです。悔しいとは思いましたが、気持ちが悪くなった私は引っ越しをすることに決めました。

その後も下からの「ドンドン」という音は毎晩つづきました。引っ越しの前夜にも相変わらず「ドンドン」とけたたましい音をたてるので、私は明日出ていくのだし、最後に一言文句をいってやろうと思って、部屋を出ました。

勢いよく、下の部屋のドアを叩こうとしたとき、ハッとして、身体が硬直しました。外された表札……。ガムテープで塞がれたドアのポスト……。下の住人はとっくに引っ越していたのです。

では、さっきの音は……？

私は寒けを感じながら、自分の部屋に戻りました。そして、ドアを開けたとたん、背中

がゾクゾクするいやな空気が流れてきました。真っ暗な部屋のなかに不気味な気配を感じます。気のせいではありません。

「ドンドン」という音とともに、たしかに何かが動いているのです。

私は電気をつけようと、震える手で壁のスイッチを探しました。しかし、暗いうえに焦っているので、なかなか手に触れません。そうしているうちに暗闇に目が慣れてきました。すると、不気味な気配の正体がじわじわと現われてきたのです、
長い髪の女が四つん這いになって、自分の頭を「ドンドン」と床に打ちつけていたのです。私は目を見開いたまま、壁に倒れかかりました。ズズッと壁をこするような音を出してしまった瞬間、女はピタリと動きを止め、ゆっくりと顔をあげました。

私を睨みつけた目は充血し、額を血でにじませた顔は真っ青です。

私は無我夢中で電気のスイッチに手を伸ばし、やっと明かりをつけることができました。すると、女はパッと消えていなくなったのです。

私には何が起こったのかわかりません。

おそらく下の住人は毎晩のように本当に騒音を聞いていたのでしょう。決して彼の被害妄想ではなかったのです。

次の日、私は無事に引っ越しをしました。

その後、マンションの管理人に、あの部屋で何があったのか聞こうとしましたが、曖昧《あいまい》な答えしか返ってきませんでした。ただ、そこにいまも住んでいる知り合いの話によると、あの部屋は私が出たあと、家賃を下げ、新しい住人が入るのを待っているそうです。

不思議な電話ボックス——山内美枝(四十歳)

あまり怖い思い出のない私ですが、たったひとつ不思議なことを覚えています。

小学校五年生の十月という中途半端な時期に転校した私は、新しい学校になじめませんでした。クラスのなかでいくつかできあがっている仲良しグループにも入れてもらえず、うまく友達をつくることができません。

家に帰っても、両親は仕事で誰もいません。

毎日、楽しいこともなく、ぼんやりとすごすしかありませんでした。

そんなある日、下校途中に電話ボックスを見つけました。古びてボロボロで、使われているのかどうかもわからないようなものでした。

電話をするつもりなどなかったのですが、何げなく、そこに入ってみました。

受話器を耳にあててみました。お金を入れていないので、もちろん何の音もしません。私は「もしもし」と声を出してみました。そして、今日の出来事をとりとめもなく話してみたのです。そうすると、不思議に気持ちが落ち着いて、少し気分が楽になりました。

次の日も帰り道に電話ボックスに入りました。そして、おなじように受話器に向かって話しかけたのです。

次の日も。その次の日も……。

学校が休みの日には、犬のジョンを連れて散歩に行き、電話ボックスに入ると、しゃべりつづけました。

ある日、いつものように受話器を取ると、どこかにつながったような感触があって、返事が聞こえてきたのです。

「僕と遊ぼうよ」

私より少し年下の男の子のようでした。

私は少し驚いたのですが、前に電話ボックスを使った人がきちんと切らなかったのかと思って、会ったこともない男の子とあれこれ話をしました。

しかし、何かがおかしいのです。

しばらく話をしていて、気がつきました。

誰にも話したことのないことまで、まるで知っているかのような受け答えをするのです。

〈どうして、知ってるの？〉

話の内容を考えると、私が電話ボックスのなかで独り言のようにしゃべったことを聞いていないとわからないことばかり……。

急に気味が悪くなった私は、乱暴に受話器を置きました。

そして、それからは電話ボックスに行くことはありませんでした。

ところが、ある夕方。ひとりで家にいると電話がかかってきたのです。受話器を取りましたが、よく聞き取れません。

「もしもし、誰？」

「……今夜……」

「もしもし、よく聞こえないんですけど、どなたですか？」

「……今夜……行くよ」

それは、あの電話ボックスの少年の声です。冷水を浴びたようにゾーッとしました。

「今夜……遊び、行くから……ね」

どうしよう、あの子が来る？

感情のない声で、何度もおなじ言葉が繰り返されました。

どうしよう、今夜。今夜？　そうだ、今夜は誰もいない……。

父母は親戚に法事があって帰らない日なのです。私は隣町の祖父母の家に泊まりに行くようにいわれていました。私は母がまとめてくれた荷物をつかんで、玄関の鍵をかけるのももどかしく外に飛び出しました。一刻も早く逃げなくてはならないと思ったのです。日が暮れたら、あの少年が来てしまう！

一目散で自宅をあとにしました。

その夜、少年が私の家に来てどうしたかったのか、わかりません。偶然とはいえ、家族がみんないなかったのは、もしかすると幸いだったのかもしれません。

ただ残念なのは、いつも散歩に連れていっていた犬のジョンが小屋で冷たくなっていたことです。私のかわりに少年に連れていかれたのではないかと、いまでも思っています。

戦慄の「だーれだっ？」――井上隆文（二十九歳）

「だーれだっ？」

餌をついばむ鳩の群をぼんやり眺めていた僕の目を、突然、何かが覆いました。

柔らかな感触、細くて小さな指……。しっかり塞いだつもりでも、指のあいだからかすかに光が漏れてきます。

それは、とてもよく晴れた日曜日の午後のことでした。僕は上野公園のベンチに座って、彼女の加奈が来るのを待っていたのです。胸のポケットには、折りたたんだ美術館のチケットが入っています。

時計に目をやって、「早く来ないかなあ……」とつぶやき、あたりを見まわしていると、こちらに走ってくる子供の姿が目に入りました。その子が僕の前を通り過ぎようとしたとき、手にしたポップコーンをポロポロとこぼしていきました。それを見つけた鳩が、一羽二羽と集まってきます。

僕の目が突然、塞がれたのは、その直後でした。

「その声は……十五分遅刻してきた、加奈だな！」

僕は怒ったような声でそういってやりました。

「あたり！」そういって、加奈が笑顔を見せる……と思ったのですが、どうやら僕の答え方が加奈にはお気に召さなかったようです。まだ、手を外してくれません。そして少しすねたような声が聞こえてきました。

「残念！　遅刻してきた加奈じゃありません！」

「……うーん、それじゃあ、十五分遅れてる時計をしてきた加奈……」

これなら、気に入るだろうと思ったのですが、やはり僕の目は塞がれたままです。

そのとき、ズボンのポケットから携帯の着メロが流れはじめました。僕は、顔を動かして「電話だから」といいましたが、返ってきたのは「ちゃんと答えるまで、ダメ」という、つれない言葉です。

はじめに僕が怒ったように返事をしたものだから、困らせてやろうとでもいうのでしょうか。僕は加奈の子供っぽい強情さにあきれながら、「しょうがないな」と、手探りで携帯を取り出しました。いつも使っているので、見えなくてもどうということはありません。

僕は着信ボタンを押すと、携帯を耳に当てました。

「もしもし……」

携帯の向こうから、いま僕を困らせている本人の声が聞こえてきました。

「もしもし、加奈だけど、遅れちゃってゴメン！　事故があって電車がなかなか来ないの。まいっちゃうわ。ほんとについてない。それでね……、あっ、電車が来た！　よかった！　もうすぐ行くから、ちょっと待ってて！　じゃあ、あとで！」

まくしたてるような言葉のあと、加奈は一方的に携帯を切ってしまいました。

手にした携帯からは「ツーツー」という音が流れてきますが、それを耳に当てたまま、動けませんでした。いまのは、たしかに加奈の声でした。

ということは……。

僕のまぶたの上にある指の感触。それが急に冷たく感じられてきました。

「ちょ、ちょっと……！　誰なんだ！　悪ふざけはやめてくれ」

僕は両手を後頭部にまわして、目を塞いでいるふざけたやつの腕をつかもうとしました。

ところが……。

両手はむなしく空《くう》を切り、上下に動かしても、左右に振りまわしても、何もつかまえることはできません。

僕の心に恐ろしい考えが浮かびました。

〈腕が……ない……？〉

中途半端にバンザイをしたような格好のまま、動きを止めると、目を押さえている指がもぞもぞと動きました。そのとき、突然、

「バババババババッ！」

鳩の群が急に飛び立つ音が響きわたり、僕ははじかれたように立ち上がると、身体ごと座っていたベンチのほうを振り返りました。僕の心がさらに凍りついたのは、ベンチの後ろにいるものが見えたからではありません。

……何も見えません。僕の目はまだ、塞がれているのです。

とっさに自分の顔に手をやりました。するとやはり、先ほどとおなじ、細くて小さい指が僕の目を覆っています。

腕のない手のひらだけが、僕の目にしっかりと貼りついているのです。

ふいにすべての音が遠ざかっていきました。

蝉の鳴き声、噴水の水音、公園に充満していた人々のざわめき……。何もかもが遠くに行ってしまい、不気味な静けさに取り囲まれました。

すると、耳元に息を吹きかけるような生ぬるい声がしたのです。

「さて、だーれだ……」

海岸通りの闇に浮かぶ人影──松本義行(四十四歳)

これは、私が小学生のころ、姉の友人・早紀さんから聞いた話です。当時、早紀さんは中学三年生で、近郊の名門進学高校を目指して、放課後には塾通いをしていました。

夏休みには受験勉強も本格的になり、塾に遅くまでいる日も多くなってきました。その日は、気がつくと、もう午後八時半をまわっていたといいます。早紀さんは自転車にまたがると、家路を急ぎました。いつもの街道を通るよりも海岸沿いを行ったほうが、ほんのわずかですが近道になります。早紀さんは迷わず、海岸のほうに向かいました。

海岸はこの地方有数の海水浴場で、夏になると大勢の観光客でにぎわいます。

塾の仲間と街中につづく交差点のところで別れ、海岸を見渡せる道に出たときには、すでに午後九時を過ぎていました。さすがに人影はなく、ときおり、遠くで誰かがあげる「ポン」という花火の音が響くだけでした。

車も通らないので、ひたすらペダルを漕ぐと、どんどんスピードは上がり、潮風が心地よく顔を撫でていきます。

しばらくは何事もなく、軽快に走っていたのですが、ふと気がつくと、前方にふたつの影が浮かび上がってきました。早紀さんとの距離はどんどん縮まります。それは水着姿のカップルでした。

〈こんな夜遅くまで泳いでいたのかな……？〉

単純な疑問といっしょに、違和感を覚えました。

その原因は、すぐにわかりました。

ふたりとも、着ている水着が妙に時代遅れなのです。当時、男性は膝丈のハーフパンツ、女性はビキニが流行だったのに、男性は白いベルトつきの濃紺の短パン水着、女性はフリルのついた水玉模様のワンピースで、雑誌で見たことのある昭和三十年代の水着のようでした。

最初はそれほど気に留めなかったのですが、ふたりに近づくにつれ、さらにおかしなことに気がつきました。

早紀さんが自転車で走っているのは、廃線になった軽便鉄道の線路道を自転車・歩行者用に舗装しなおした幅二メートルくらいの狭い道で、砂浜までは二メートルほどの段差があります。ところが、どう見ても、ふたりはその道幅よりも海のほうにはみだして歩いているのです。しかも、外灯もない暗闇のなかに、ふたりの姿だけが浮かび上がるように見えます。

瞬間的に早紀さんの背筋に、冷たいものがゾクゾクッと走りました。

けれども、早紀さんは自転車を止めると、冷静にじっとふたりの後ろ姿を見送ることにしました。というのも、早紀さんは霊感が強く、それまでにも何度か、不思議な体験をしたことがあるので、むやみに慌てることはなかったのです。

おそらく海水浴に来ていて水死してしまった人の霊だと直感した早紀さんは、「安らかに成仏してください」と念じていたそうです。

そんな思いが通じたのか、やがてふたりは脇道に入ったかと思うと、その先の松林のなかにスーッと吸いこまれるように、消えていきました。その瞬間、夏にしては冷たい風が強く吹きつけ、松の木がザワザワと音をたてなびいたといいます。

あたりは何事もなかったかのように静まり返り、波の音だけが聞こえてきました。

背筋から悪寒が消え、これですんだとほっと胸を撫で下ろした早紀さんは、ふたたび自転車を漕ぎはじめました。

この先、本当の恐怖が待っているとも知らないで……。


早紀さんは松林の前まで来るといったん自転車を止めて、前方を確認しました。時間的にいえば、ふたりの姿が見えてもいいはずなのですが、やはりそこには人っ子ひとり見あたりません。

もう消えてくれたと信じながらも、その松林を通り抜けなければ家に帰れない早紀さんは、一瞬、いやだなと思いました。けれども、仕方ありません。大きくひとつ深呼吸をすると、早紀さんは自転車を走らせはじめました。いくぶん速度を速めて……。

「カラカラカラカラ……」

車輪のまわる音が松林のなかに静かに響きます。松の影がゆっくりと後方に流れ、ときおり、それは覆いかぶさるように迫ってきました。一刻も早くこの道を抜けようと、早紀さんは夢中でペダルを漕ぎつづけました。

やがて、道のなかほどまで来たでしょうか。

早紀さんはガクンと自転車を後ろに引っ張られるような軽い衝撃を感じ、振り返ってみましたが、変わったようすはありません。小石にでも乗り上げたのだろうと、さらに進んでいきました。

しかし、つぎの瞬間。突然、後輪が「ガラガラガラガラ」と、けたたましい音をたてはじめたのです。

〈後ろに、何かいる！〉

異変を感じて、とっさに自転車を止めました。

そして、おそるおそる振り返ろうとしました。しかし、その必要はありませんでした。なぜなら、身だしなみ用にハンドルにつけていた小鏡が、いまの衝撃で下を向き、後輪を映し出していたからです。

「ひっ………！」

早紀さんは鏡のなかの光景に絶句しました。

なんとそこには……男性と女性の腕と足だけが、ボロボロに破れた女性用水着といっしように後輪に絡みつき、外灯に照らされ、はっきりと映っていたのです。

「ガラガラガラガラ」という音は、その腕と足が車輪の回転を止めようとして、スポークに触れる音だったのでした。

水玉模様は、明らかにさっき見た女性の水着のものでした。

早紀さんは恐怖のあまり、ハンドルを持ったまま、その場に立ちすくんでしまいました。

〈どうかお願いです。このまま消えてください。私はあなたたちに何もしてあげることはできません。お願いです……消えて……〉

手足をガクガク震わせながら、早紀さんは必死になって念じました。すると、その思いが通じたのでしょうか。急にハンドルがスーッと軽くなっていきました。

しかしこのとき、後部からグイッと押されるような感覚が伝わり、背中の表面を何か生暖かいものが上空に上っていくような、すごくいやな気配を感じたそうです。

小鏡をそっと覗いてみると、さっきの無惨な腕と足は消えていました。じっとしていて、取り憑《つ》かれてはたまりません。早紀さんは一刻も早くその場から立ち去ろうと、震えて竦《すく》む足をひきずるようにして、ペダルを踏みこみました。

ところが、ほんの数メートルも進まないうちに、今度は突然、チェーンが外れ、後輪がパンクしてしまったのです。

ポンッという鈍い音が響き、彼女は空回りするペダルに足を取られ、バランスを崩して、自転車ごとその場に倒れこんでしまいました。

「いやあー！」

早紀さんは、足に覆いかぶさる自転車を払いのけるようにどかすと、その場に座りこんでしまいました。

ひんやりとした夜風が海から吹きつけ、幾度となく、松の葉がザワザワと音をたてます。

早紀さんは両手で顔を覆ったまま、小声で念じつづけました。

「お願いです。どうかこの場を去ってください。私にはどうしてあげることもできません。お願いします。お願いします……もう、出てこないで……」

どのくらい時間が経ったでしょうか。

早紀さんは頭から首筋にかけて、ポツポツと落ちてくる冷たい水滴に気づきました。雨が降ってきたのだろうか。両手を降ろし、上を見上げました。すると……。

「いやー！　きゃー！」

早紀さんの声が松林じゅうに響きわたりました。

頭上には水着姿の男女が逆立ちしたような格好で宙に浮き、早紀さんに向かって「ニヤリ」と微笑みかけていたのです。水滴は女性の濡れた長い髪から滴り落ちる海水だったのでした。そして、ふたりには腕と足がついていませんでした。

早紀さんはどうやって自分の家まで帰ったのか覚えていないということでした。

数日後、友人といっしょに自転車を置き去りにした場所まで行ってみると、そこには朽ち果てた水没者の慰霊碑が立っていたといいます。昭和二十年代中ごろに立てられたもので、周囲は雑草に覆われ、木製の本体はボロボロになっていました。

早紀さんは慰霊碑のまわりの草を刈り取り、線香をあげ、手を合わせました。

そして、それ以降、海岸沿いの道を通ることはなくなったそうです。

やがて慰霊碑はきれいに立て替えられ、いまでもその場所にあるということですが、残念なことに、水難事故がなくなることはありません。

五十年ぶりの再会——本田等(六十一歳)

私は小学校三年生のときまで田舎に住んでいましたが、四年生になる春には名古屋に引っ越しをしました。引っ越してから一、二年は春や夏の長い休みに田舎に遊びに行くこともありましたが、やがて、まったく訪れなくなっていました。

ところが、昨年の夏、還暦を記念して小学校の同窓会が行なわれ、転校していった私にも声をかけてくれたのです。

私はこの日のために小学校三年生のときのクラス写真を持参しました。半世紀ぶりの再会ですから、写真と照らしあわせながら記憶をたぐり寄せ、また、ひとりひとりの消息を確認しました。

写真のなかにひとりだけ、誰だかわからない子供が写っています。

「ああ、それは……」

誰かが名前をいったので、ああ、あの子かと、かすかに思い出しました。

たしか、クラスのほとんどが駅に近い地区に住んでいたなかで、彼だけは学校のある山のほうに住んでいました。どういう経緯なのか、親兄弟がいなくて、炭焼きのおじいさんとふたりで暮らしていたということも、話しているうちに思い出してきました。学校にはときどきしか顔を見せず、やってきてもニコニコ笑っていたという印象しかありません。とくに親しい友達もいなかったはずです。

ほかの同級生が持ってきていた卒業アルバムには彼の名前はなかったので、結局、学校には来なくなったのでしょう。

同窓会後、何人かで二次会に繰り出すことになりました。同級生が経営しているスナックに行く前、私は小学校に行ってみることにしました。

「遠くから来たから花を持たせてやるか」

仲間たちはそういって、クラスのアイドルだった女性を同行させてくれました。

小学校は新築され、昔の面影はありませんでしたが、彼女の説明で少しずつ、思い出が甦ってきました。

帰り道、裏に祠《ほこら》のようなものを見つけ、彼女に尋ねてみると、

「古い校舎を壊すときにね、ここから子供の白骨死体が出たの。それから、幽霊を見たとか、ここにあった納屋を壊した大工さんの夢枕に子供が出てきたっていうような話があって、祠を建てたの。でも、まだ誰かを探してるみたいだっていう噂もあるわ」

と、昔、蛙の解剖をしたときのように顔をしかめながらいいました。

そういえば、このあたりには納屋があったように思います。

そのとき、人の気配を感じて振り返りましたが、誰もいません。

「どうしたの？　幽霊でも見たの？　いやあね、意外とそういうの信じるのね」

彼女にからかわれて、「そういうわけじゃないんだけど」といいかけて、ふと、さっき話題にのぼった「あの子」の顔が脳裏に浮かびました。

「曇ってきたのかしら。暗くなったわ」

彼女の声がひどく遠くから聞こえるような気がしました。私は何かを思い出そうとしています。

当時、私たちにとって山のふもとの学校が唯一の遊び場所でした。授業が終わってもいつまでも学校にいて、近くの山や竹藪で時間をつぶし、途中の河原に寄り道をして、暗くなってからやっと家に帰ったものです。

あれはかくれんぼだったのか、探偵ごっこだったのか、先生たちが帰ってしまうまで校内に隠れて、薄暗くなったら目的地に集まるという遊びもしていました。集合場所は、人体模型などが置かれた、そのころの私たちにとってはお墓より怖かった理科室……。

遊びのメンバーはいつもだいたい決まっていましたが、一度だけ珍しく「あの子」が参加していたことがありました。先生が帰り、用務員のおじさんが宿直室に消えたころを見計らって、いつものように理科室に集まり、骸骨を動かしたり、実験用の蛙をぶつけあったりして、全員が集まるのを待ちました。ところが、いつまで待っても「あの子」だけが姿を見せません。使われなくなった納屋にいっしょに隠れたという者も「知らない」といいます。

納屋の荷物の下敷きになったのではという者もいましたが、もう暗くなった納屋に探しに行こうと提案する者は誰もいませんでした。きっと、先に帰ったのだろうと、私たちはそのまま帰ってしまいました。

翌日、「あの子」は学校に来ませんでした。でも、そんなことはよくあるので、誰も気にする者はいなかった……。それだけのことです。

やがて、私は名古屋に引っ越し、そんなことはすっかり忘れていました。

ひょっとして、「あの子」はどこかに閉じこめられたままではなかったのだろうか、私は突然、そう思いました。

私たちはあの遊びがばれて叱られるのが怖くて、「あの子」を見捨ててしまったのではないだろうか。「あの子」がいなくなったことを黙っていたのではないだろうか。先生に報告したけど、そのままになったのだろうか。次の日、私たちは「あの子」を探しにいったのだろうか。

思い出せません。あの日からしばらくは気になっていたのだと思います。でも、それが苦しくて、忘れよう忘れようと無意識に記憶を消し去ってしまったのではないでしょうか。

何かの理由で身動きできず、私たちが探し出すのを待っていたとしたら、それは、どんなにつらいことだったか……。

「……思い出したよ、たいへんなことを」

そういって横を向くと、アイドルだった女性のかわりに、「あの子」が笑いながら立っていました。あのニコニコ顔です。驚いて、逃げようとしたのか、助けにいこうとしたのか、気がつくと、私は納屋のほうに向かっていました。

かすかに子供の声がします。私を呼んでいます。

納屋にたどり着いて、振り向くと、「あの子」はぴったりと私に寄り添っていました。先ほどのニコニコ顔が消え、頬はこけ、目から血のような涙が流れています。

誰かを待っていたようだというのは、私のことだったのか……。納屋で何年も待ち、ここに葬られてからも何年も私を待っていたのか……。

「ごめん……、ごめん」

私はこみあげる怖さと懺悔《ざんげ》の気持ちから謝りつづけました。

「……もういいよ」

「あの子」が私の肩を叩きました。

振り向いた私を、元アイドルが妙な顔をして眺めていました。

「どうしたのよ。急にいなくなるんだもの。学校で迷子になるなんて、あなたがはじめてよ。そろそろ行きましょう」

私はもう一度、心のなかで「ごめん」といい、来年、また来てやろうと思いました。心なしか、空は晴れてきたように思われました。

真夜中、旧解剖室の二階で――末次真（三十八歳）

学生のころ、奇妙な体験をしたことがあります。

当時、私は医療技術短期大学部の二年生でした。そのときの記憶はいまでも鮮明に脳裏に焼きついて、忘れることができません。

医療短期大学部は国立大医学部に併設された三年制の短大で、看護科、臨床検査科、放射線科の三科で構成されていました。校舎は医学部の北側にあり、向かいにサークル棟、その隣に動物実験棟と厚生会館が並んでいます。短大とサークル棟のあいだには、築山《つきやま》と太鼓橋のかかったひょうたん池があり、春には桜、秋には紅葉と季節を彩っていました。

それは十一月の初旬、短大祭の前日でした。

午後の授業は休講で、機材運びや机の移動など、学生が総出で最終準備をしていました。教室は午後六時で施錠されるので、それからはサークル棟に場所を移動しての準備になりました。

午後九時をすぎると、ほとんどのサークル関係の人は帰ってしまい、そこに残ったのは私と実行委員数人だけになりました。

そろそろ終わりにしようか。ひとり残ることにしました。十二時をまわり、実行委員長は部屋のなかの片づけを始めましたが、私は模造紙の文字書きが途中だったので、ひとり残ることにしました。

「ひとりで大丈夫なの？」と聞かれ、「あと二、三枚書くだけだから」と答えたのですが、あとから考えると、「大丈夫？」という意味は、私が思っていたようなことではなかったのです。

誰もいなくなった総務の部屋で、私はひたすら模造紙に向かってマーカーを走らせました。ときおり、隣の動物実験棟から犬たちの鳴き声がしましたが、やがて鳴きやみ、サークル棟に静寂が戻りました。

作業が終わったのは、午前二時ごろ。缶コーヒーを飲み、帰る準備を始めたのですが、明日の朝早く来なければならないことを考えると、億劫《おっくう》になり、私はそのまま部屋に泊まることにしたのです。

サークル棟は古い二階建ての洋館です。鬱蒼《うっそう》とした木立に囲まれ、いまにも崩れ落ちそうな外壁はびっしりと蔦《つた》で覆われ、入り口は重い両開きの扉で大きな錠前がついていました。

そんなロケーションですから、サークル棟を利用する部員からは、その手の怪しい噂があとを絶ちませんでした。

サークル棟の一階はたぶん解剖室だったのでしょう。準備室つきの広い部屋がふたつありました。二階には五つの部屋があります。それぞれ狭く、器具や薬剤を置いたり、更衣室に使われたりしていました。ただ、いちばん奥の解剖室の真上の部屋だけは空き室のままでした。その部屋は四方の壁にギャラリーのような手すりがついていて、一階の上部を塞《ふさ》いだような不思議な構造になっていました。

泊まると決めたとき、実行委員長の「大丈夫か」という言葉を思い出しました。ここでの怪現象を吹聴するエキセントリックな女子がいることも知っていましたが、いまひとつ信憑性に欠けていたので、私は「気の持ちよう」程度にしか思っていませんでした。

それでも、多少の不安もあったのでしょう。私は電気をつけたまま眠ることにしました。イスを使ってベッドを作ると、暗幕を毛布がわりにしました。

あたりはしーんと静かです。

あんなに眠いと思ったのに、妙に冴えてしまい、聴覚も研ぎ澄まされていくのがわかりました。すると、また犬たちの鳴き声が聞こえはじめたのです。暗幕をすっぽり頭からかぶっても、耳にまとわりついて離れません。

そのうち、犬の鳴き声に混ざって「ウォーッ、ウォーッ」という声が聞こえてきました。

唸《うな》り声のような、呻《うめ》き声のような、なんともいやな声です。その声はだんだん大きくなり、やがて犬の声全部が呻き声に変わっていったのです。荒々しい息づかいまで聞こえはじめました。

突然、階下で「バターン！」とドアの開く音がしました。風もない穏やかな夜に、なぜ？

おそるおそる暗幕から顔を出して周囲を見まわしました。とくに変わったようすはないのですが、呻き声はさらに音圧を上げ、耳に突き刺さるようでした。全身の血管がドクンドクンと脈打ち、どうにかなりそうです。もう耐えられません。私は起き上がって暗幕を払いのけ、総務の部屋から逃げ出すと、一気に階下に駆け降りました。

出口まで来たとき、部屋の電気を消し忘れたことに気がつきました。いま思えば、そのまま帰ればよかったのですが、なぜか私は律義にもまた二階に戻ってしまったのです。

総務の前まで来ると、いちばん奥の空き部屋のドアが少しだけ開いていました。呻き声がいっそう大きく聞こえます。総務の電気を消して非常灯だけになると、空き部屋のドアがゆっくり動いて……さらに開きました。

直後、異様な気配を感じ、全身が総毛立ちました。圧縮された空気に身体を取りこまれたような感じです。

呻き声は、この部屋から聞こえてきます。部屋のなかに何かがいます。それはいくつもの楕円の塊でした。人間の形をした数十体の灰色の塊が床の上に横たわり、唸りながら左右にうごめいているのです。

部屋から離れようとしましたが、身体が動きません。彼らは私に気づくと、上体を起こしはじめました。

「ウォーッ、ウォーッ」

荒い呻き声が部屋じゅうに反響し、ひどい耳鳴りで頭がズキズキしました。ゆっくり立ち上がった彼らが、ドアに向かって歩いてきます。

やがて、その姿がはっきり見えてきました。

皮膚を剝がれ筋組織がむき出しの者、内臓を出したままひきずる者、眼球や肋骨が露出した者……。

その光景をなんと説明すればいいのでしょう。地獄でのたうちまわる餓鬼の姿としかいいようがありません。あまりの生々しさに、私は気が遠くなりそうでした。

私に向かって伸ばされた何十本もの腕は、もう目前まで迫っています。

「うわあああああああ！」

私は全身の力を振り絞って大声をあげました。でも、口のなかはカラカラに乾いて粘膜が貼りつき、まったく声にはなりませんでした。しかし、かろうじて身体の自由を取り戻すことができたので、ドアを思いきり閉めると、必死で走りました。途中で何度も膝が崩れ、しゃがみこみましたが、どうにか階下にたどり着くと、入り口の扉は早く出ていけといわんばかりに大きく開け放たれていました。

サークル棟を出て、ひょうたん池に来ると、呻き声はいつの間にか消えうせ、犬の鳴き声に変わっていました。

ようやくいつもと変わらない静かな夜に戻ることができたのです。

一昨年、医療短期大学部は改組され、医学部保健学科が新設されました。それに合わせて老朽化したサークル棟もいっしょに取り壊されたと聞いています。

死んだ友達からの呼び出し音——加藤麻衣子（四十五歳）

私が子供の知り合いから聞いた話です。

僕には弟がひとりいます。

彼はバイク好きで、いわゆる走り屋。当然、友達にもバイク好きが多いのですが、みんな気のいいやつばかりでした。

そんな仲間のなかでも、弟といちばん気が合って仲のよかった少年がある日、事故を起こしてしまいました。カーブを曲がりきれず、対向車のトラックに吸いこまれるようにぶつかっていったそうです。

連絡を受けたときの弟のショックはあまりに大きく、僕も声をかけてやれないほどでした。通夜のあとも、葬儀のあとも、家に帰ってくると部屋にこもったまま泣きつづけていました。

僕だけでなく、家族の誰もがなす術《すべ》もなく、ただ黙って見守るしかありませんでした。

家じゅうがしんと静まり返っているとき、突然、

「ウオーッ！」

という声が弟の部屋からしたと思うと、弟が転がるように家族の集まっている居間に駆けこんできました。

「あにき、あにき、これ！」

といいながら、目を大きく見開き、右手に持った携帯電話を差し出しています。

携帯からは着メロが流れていました。

僕が携帯を受け取り、覗きこんでみると、

「健太ケータイ」

とありました。

……葬式が終わったばかりの、弟の友達の名前です。

僕は思わず携帯を取り落としました。

「僕が入れたってん。お棺のなかに。ようおまえと電話したなっていいながら、忘れずに持っていけよって、僕が入れたってん」

そういいながら、弟は泣きました。

しばらく鳴りつづけた携帯電話の呼び出し音が切れたあとも、弟は泣いていました。

いまも、弟の携帯に「健太」の着信履歴は残っています。

第二章　怨霊の潜む歪んだ空間

このアパートが産婦人科だったころ……

——咲谷実里(五十一歳)

いま思うと、あれは怖い体験ではなく、悲しい体験だったのかもしれません。

昭和五十四年、当時高校一年生だった私は、自宅からの通学が遠くて不便だったので、高校の近くにある古いアパートで一人暮らしをしていました。私は一人暮らしにも不安はありませんでしたし、アパートの住人は女性だけでしたので、安心していました。

アパートの玄関にはそれぞれの部屋番号と名前がついた下駄箱と郵便受けがあり、なかに入ると廊下がつづいて、部屋が並んでいます。一階と二階合わせて八部屋、一階の廊下の真ん中に公衆電話がありました。一万円という家賃の安さと駅前にあるという好条件のため、そのアパートに空き部屋が出ることはありませんでした。

住人のなかで高校生は私ひとりだけでしたから、両隣に住むお姉さんたちは、とても親切にしてくれました。食事に招かれたり、テレビがない私は見たい番組があるときには、お邪魔して見せてもらったりしていました。

そんなアパートは大好きだったのですが、ただ入居したときには、妙な違和感を覚えました。その造りがなんとなく奇妙に思われたのです。それがなんだったのか、いまにして思えば、すぐにわかるはずだったのに……。

それは三学期の期末試験が近づいたある夜のことです。私はいつものように夕食後、すぐに眠って、深夜に起きました。試験前にはこうして朝まで勉強することにしていたのです。そのほうが隣近所も静かで集中できましたから。

その日、私が起きたのは午前二時ごろ。こたつに入って勉強し、気がつくと二時間も経っていました。ひと休みしようと、仰向けになり、伸びをしました。

〈ああ、今日ははかどった〉

ひとり満足しながら、ラジオの深夜放送から流れてくるＤＪの話に耳を傾けていました。と、突然、私の身体は金縛りにあいました。いまでも時刻は記憶しています。こたつの上に置かれた目覚まし時計の針は四時五分を指していました。

金縛りは初めてではありません。けれども、それまではうつらうつら寝ているときばかりで、意識がはっきりしているのにそんな状態になるのは初めてのことでした。力を入れると指先だけはかすかに動きます。頭の横ではラジオから歌が流れてきていました。

なんとかその状態から逃れたいと、全身に力を入れますが、どうしても動くことができません。いいようのない不安に襲われ、心臓の鼓動が激しくなってきたそのとき、部屋の入り口にかけてあるカーテンがゆらゆらと不気味に揺れはじめました。

窓も入り口も閉まっていて、風も入るはずないのに、揺れは徐々に大きくなって……。

〈怖い……〉

そう思ったとき、入り口のカーテン越しに人の気配を感じました。ようやく目だけをそちらに向けると、そこには……女の子が立っていました。おかっぱ頭で、まるで終戦当時の子供のような古びたセーターとズボンをはいています。カーテンの陰に隠れるようにして、じっと私を見ていました。三歳くらいに見えました。

子供が深夜、しかも閉めきった部屋に入ってこられるわけがない……。考えられません。

〈……幽霊?〉

頭のなかが真っ白になりました。

やがて女の子の影がゆらりと揺れたかと思うと、まっすぐに私のほうに近づいてきます。何か警戒するような、あなたは誰? とでもいうような目を向けたまま……。

そして、ラジカセの前に座ると、いきなりボリュームのつまみをまわしました。とてつもなく大きな音が部屋じゅうに響きました。

〈やめて! ダメよ! いじっちゃダメ!〉

声も出ない私は無駄だと思いつつ、心のなかで絶叫しました。

すると、不思議なことに女の子は素直にボリュームを下げて、もとに戻したのです。それから私の顔を覗きこんで、訝《いぶか》しそうな表情を見せました。その目に見つめられ、私の身体は汗ばんできました。視線を外そうとしたそのとき、今度は反対側に何かが見えました。男の子です。私を挾むように反対側に男の子がしゃがんで、やはり私の顔を覗きこんでいるのです。

私の恐怖は絶頂に達しました。

〈やめて！　来ないで！　助けて！〉

心のなかで必死に叫びつづけました。呼吸もうまくできず、胸が苦しくなってきます。すると、男の子は悲しそうな表情でこういったのです。

「ぼくね、ぼく……わるいこじゃないよ……」

たしかに、はっきりとそういいました。

その言葉に私の恐怖感は潮が引くように、いくらか薄らぎました。私はおそるおそる心のなかでいいました。

〈お願いだから、悪い子じゃないなら、この金縛り解いてくれる？〉

男の子はゆっくり頷くと、私の腹部に両手を伸ばしました。くすぐったいような感触に身体をよじらせると、金縛りは一瞬にして解けていました。

慌てて起き上がって時計を見ると、四時十分……。わずか五分間の出来事でした。

子供たちの姿は消えていましたが、夢ではありません。たしかにいました。その証拠に、合わせておいたはずのラジオ局の目盛りがまったくめちゃくちゃになり、電波を拾えないザーザーという雑音だけが流れていたのですから。

まんじりともせず朝を待った私は、隣に住む、小学校で養護教諭をしている澄子さんという人に話しました。信じてもらえる自信はなかったのに、私の話を聞いて澄子さんは「やっぱり……」といいました。

そして、お向かいの部屋に住む中里さんという栄養士をしている人を呼んできました。

ふたりは私に、こんな話をしてくれました。

私たちが住んでいるアパートは十年前まで産婦人科の個人病院だったのだそうです。内装は変えたものの、廊下や部屋はそのまま使っているのだといいます。私がいちばん最初に違和感を覚えたのは、そのせいだったのだと、このとき初めてわかりました。

「ここが病院だったころ、中絶を引き受ける病院ということで有名だったみたいよ。きっと、その子たちも産まれてこられなかった子じゃないのかしら」

中里さんはそういいました。この世に生を受けることなく消えていった小さな命が行き場をなくして、いまだに彷徨《さまよ》っているのでしょうか？

あれから三十年以上経ったいまでも、私は、あの子のいった言葉も声も忘れることができません。

「ぼくね、ぼく……わるいこじゃないよ……」

あの子は私に何をいいたかったのでしょう。もしかしたら、母親を探していたのかもしれません。私の腹部に手をやったのはそのせいだったのでしょうか。

怖がらないで、もっと話を聞いてあげればよかったのかもしれません。

もし、ドアを開けてしまったら……――森田晃（二十四歳）

これは、僕の友人の話です。

友人のKとは高校のころからのつきあいで、高校卒業後にはいっしょにおなじ時期に上京しました。おたがいに一人暮らしを始め、暇ができると、行き来していました。

Kの家は安くて古いボロアパートで、チャイムもなく、玄関は共同になっていました。

Kは昔から有名な女好きで、その傾向は東京に出てきてからも変わりませんでした。しかし、女の子とどんなに仲よくなっても、なにしろ住んでいるのはボロアパートなので、そこに連れてくることはなかったようです。Kがアパートに連れていくのは、僕と田舎に残してきた恋人のSさんだけでした。

Sさんは、僕たちが東京に出てしまい、Kとは遠距離恋愛という形になっても、一途《いちず》にKを思って、頻繁に上京していました。彼女がKのところを訪ねるときは決まって「トントントントン」と、ドアを四回ノックします。それが合図になっていました。

そんなSさんがいるにもかかわらず、Kは東京で、ある女の子に夢中になってしまいました。不特定多数の女の子に声をかけてはいましたが、自分のボロアパートにまで連れてきたのは、その子が初めてだったのではないでしょうか。

そして、Kはその子には「ドアを三回ノックしてくれ」と、Sさんとは違う合図を決めたのです。東京の女の子とSさんとの区別をつけるために考えたというのですから、Kは、まったくあきれたやつです。

ある夜のことです。遅くまで外で遊んでいて終電もなくなってしまったので、Kは東京の女の子を当然のようにアパートに連れていきました。

ふたりきりの部屋で、だんだんいいムードになってきたとき、「トントントントン」と、部屋のドアが四回ノックされました。Sさんだと気づいたKは狼狽《ろうばい》しましたが、この場合、もう居留守を使うしかないと沈黙を守りつづけました。

「トントントントン」

ノックはしばらくつづきました。

〈頼む。今日は諦めて帰ってくれ〉

Kがそう思いつづけていると、やがてノックの音はしなくなり、人の気配も消えていったそうです。胸を撫で下ろしたものの、さすがのKも心苦しく、あとで電話をして、なんとか取りつくろわなければならないと思っていました。

するとそのとき、Kの携帯電話が鳴りました。

〈Sからだ……〉

そう思いましたが、いま電話に出てしまうと、どこにいるのか聞かれるに決まっています。それに、いまは女の子といる時間を邪魔されたくありません。Kは携帯の呼び出し音を聞きながら、ずっと無視しつづけました。そして、その電源も切ってしまったのです。

しかし、実はこのとき、Kの携帯に電話をしたのはSさんではなく、僕だったのです。

そんな夜中に僕がKに連絡をとりたかった理由は、Sさんの実家からかかってきた電話の内容を伝えなければならなかったからです。Sさんの実家では何度もKに連絡をしたそうなのですが、電話に出ないので、友人である僕のところに伝言を頼んできたのでした。

それは悲しい事実でした。

「Sさんが地元の県道で交通事故にあい、亡くなった」

という、知らせだったのです。

翌日の朝。僕はようやくそのことをKに知らせました。Kはショックを受け、ひどく後悔していました。Kは、昨夜きっとSさんが別れを告げにきたにちがいないといいます。

そして……その日以来、Kの部屋のドアは、夜な夜なおなじ時間に「トントントントントン」と、四回ノックされているのです。KはSさんに対する罪悪感と恐怖で、いまでもドアを開けることもできず、苦しんでいます。

もし、開けてしまったら……。

夕闇の放送室で聞こえる「フフフ」——小川よしみ(三十歳)

これは、私が小学校六年生のときの出来事です。

当時、各クラスから選出された放送委員として、私は登校時、給食の時間、下校時などの校内放送を担当していました。

秋の気配が深まりつつある夕方、私は、いつものように下校放送を終え、日誌を書こうと鉛筆を手にしました。そのとき、一瞬、強い風が吹いて、窓ガラスがガタガタと大きな音をたてました。築何十年という古い校舎の窓ガラス独特のドキッとするような音でした。

その音で、私はずいぶん薄暗くなっていることに気づき、何かしら恐怖を覚えました。

早く日誌を書き終えて帰ろうと思った矢先、

「フフフ……フフフ……」

と、遠くで女の子が笑っているような声が聞こえました。

自分以外に残っている人はいないはずなのにおかしいなと思いましたが、ほかの放送部員がようすを見に来てくれたのかもしれないと、放送室のドアを開けてみました。

誰もいません。

私はふたたび日誌に向かいました。ところが、

「フフフ……フフフ……」

やっぱり誰かの笑い声がしてきます。

怖くなった私は、ランドセルをつかむと、振り向かないように家まで走りました。

家に帰ってからも声が耳から離れず、夜もほとんど眠れないまま、次の日を迎えました。

朝、いつものように登校した私は、その日の放送当番ではないことにほっとしつつ、教室に向かいました。教室では何人かが輪になって楽しそうに話をしています。

私は昨日のことを話せば少しは気が紛《まぎ》れるかもしれないと思って、不思議な笑い声のことを聞いてもらうことにしました。

すると、そこにいたほかのクラスの放送委員が「私、それ知ってる」といいます。

「あなたも聞いたの？」

と尋ねると、

「ううん。私は聞いていないけど、聞いた人を知ってるよ。誰の声かも」

私は、なんだ、やっぱり誰かの声だったんだと安心して、

「で、誰の声なの？」

と聞きました。

すると、返ってきた答えは……。

「放送室って、図書室の隣にあるでしょ。二十年くらい前は、ただの物置部屋だったんだけど、そのころ、何人かの女の子が図書室でかくれんぼをしたんだって。ルールは図書室以外のところには隠れちゃダメってことで。でも、ひとりだけ隣の物置部屋に隠れた子がいたの。みんな、その子だけ隣に行ったなんて知らないから、かくれんぼが終わると、見つからない子をそのままにして帰っちゃったの。先に帰ってしまったんだろうと思ってね。次の日、用務員さんが物置部屋に行くと、その子が血だらけになって死んでたんだって。

それから物置部屋は開かずの間になっていたんだけど、改装したあと、放送室になったって聞いたよ。それ以来、声が聞こえるの……」

ということは、私が聞いたのはその子の声だったのでしょうか。

その子はまだかくれんぼをしているつもりで、私のことを自分を探しに来てくれたと思ったのでしょうか。

話を聞いて以来、私は放送室にひとりでいるのが怖くなり、かならずふたり一組でいられるようにしてもらいました。ふたたび私がその声を聞くことはありませんでしたが、彼女はまだあの狭い放送室のどこかでひとり、じっとかくれんぼをしているのかもしれません。

私、いま、人を殺しました——森田和夫（三十八歳）

私は現在、都内の警察署に勤め、刑事をしていますが、二十年近く前には派出所勤務をしていました。そのときの話です。

あれは八月半ばをすぎた蒸し暑い日の夜でした。ひとりで宿直勤務をしていると、ふいに女性が入ってきました。黒いサングラスをかけた、髪の長いきれいな人でした。

「何かご用ですか」

女性に問いかけると、あるマンションの名前を告げ、そこを探しているのだといいます。私は机の上に住宅地図を広げて、マンションの場所と道順を簡単に説明しました。派出所からそんなに遠くない場所でしたし、道もわかりやすいので、女性はほっとしたようにお礼をいって出ていきました。

それからほどなくして、

「キャーッ！　人殺し！　助けて！」

という女性の悲鳴が響き渡りました。

それは、不思議なことに、派出所のなかから聞こえてきたのです。派出所のなかには私ひとりしかいませんでした。

一瞬の出来事でしたが、いったい何が起こったのか、まったく理解できません。念のため、派出所内を調べてはみましたが、とくに変わったこともありませんでした。

そして、首をかしげながらデスクの前のイスに座ったとたん、

「リリリリ……リリリリ……」

待っていたかのように、電話がけたたましく鳴りました。

ビクッとして受話器を取ると、低い女性の声が流れてきました。

「……私、いま、人を殺しました」

聞き覚えのあるその声は、妙に落ち着いていて、とても殺人を犯した直後のようには思えませんでしたが、私は女性の現在地を確認しました。

その人はついさっき、私が教えたマンションにいるといいます。

そう、黒いサングラスの女性だったのです。

私は自転車にまたがると、現場に急行しました。

女性は一〇〇二号室を探していたはずですから、エレベーターで十階に行くと、端からふたつめのその部屋を目指して走りました。

そして、ドアを開けると、そこにはナイフを握りしめて立っている、あの女性がいたのです。傍らにはお腹の大きい若い女性が血だらけで倒れていました。

「あなたが殺したのですか」

私が尋ねると、女性は、

「はい。私が殺しました」

と、はっきり答え、サングラスを外して、「にっ」と笑うと、開け放たれたベランダのほうに走り、そのまま飛び降りてしまいました。

「やめろ！」

私の叫び声はむなしく、夜の闇に吸いこまれていきました。

すぐに部屋を飛び出し、一目散に非常階段を駆け降りて女性が落ちた場所に駆けつけると、あたり一面に無数の血痕が飛び散っていました。

しかし……。

女性の身体はどこにもありませんでした。

後日、その女性は殺人事件の重要参考人として全国に指名手配されましたが、すぐに身元は判明しました。女性は殺人事件のあった日の前日、自宅で睡眠薬を飲んで自殺していたのです。遺書には婚約者を奪われたことへの恨みのたけがつづられていました。

女性の怨念はそこまで深く、命を絶ったあとになっても復讐せずにはおられなかったということなのでしょうか。

死を招く非通知電話

――山下雅史（二十六歳）

ある電話にまつわる怖い話があります。

……とある社宅に新婚の夫婦が引っ越してきました。子供も産まれて、とても幸せな生活を送っていました。しかし、妻にはひとつだけ悩みつづけていることがあります。

それは隣の部屋で鳴る電話の音です。

壁が薄いのか、それはまるで自分の家で鳴っているかのように聞こえます。しかも果てしなく鳴りつづけるのです。

毎日毎日、鳴りつづける電話の音に我慢できなくなった妻は、隣の家を訪ねてみました。しかし、誰も出てきません。そこで、管理人さんに話をしたのですが「隣の部屋にはしばらく誰も住んでいませんよ、それに、電話が鳴ったとしても隣まで聞こえるような薄い壁ではありません」といったそうです。

しかし、やはり電話は鳴りつづけます。

そこで、夫と友人夫妻、管理人さんに立ち会ってもらって、確認をすることにしました。

家具も何も置かれていないその部屋には、電話などありませんでした。

「ほら、やっぱり電話なんてないでしょ。何かの間違いじゃ……」

と、管理人さんがいったとき、

「ジリリリ……ジリリリ……」

電話の音が聞こえてきたのです。

それは、押し入れのなかから聞こえてくるようでした。夫が押し入れを開けて覗いてみましたが……。

しかし、そこにも何もありません。

「あなたたちの部屋で鳴っているのでなければ、この部屋とあなたたちの部屋のあいだの壁のなかだ」

管理人さんのその言葉で、みんなで壁をはがしてみると、そこにはビニール袋に入った黒電話がポツンとあったのです。もちろん線はつながっていません。

夫の友人がおそるおそる受話器を取って耳にあてました。すると、受話器の向こうから苦しそうな男の声が聞こえてきたのです。

「やっと……出たな……。おまえら全員……殺してやる……」

友人はあまりの恐怖で立ちすくみ、そのようすを見ていた夫が受話器を友人から奪い取って耳にあてると、男はまたいいました。

「殺す……」

その日の帰り道、友人夫妻は交通事故で亡くなりました。夫婦の赤ちゃんは原因不明の病気で亡くなり、つづいて夫が行方不明になったあと、妻は自殺してしまいました。

だから、知らない電話には絶対に出てはいけない……。

これが事実かどうかわかりませんが、彼女と肝試しに行った夜、車のなかでそんな話をしました。そして、僕が話し終えた直後、ふたりの携帯電話が同時に鳴ったのです。

びっくりしながら、ディスプレイを見ると、両方とも「非通知」の表示が出ていました。どんなに偶然でも、夜中の二時過ぎにふたりに同時に非通知電話がかかってくるのはおかしすぎます。それも、こんな話をした直後に……。僕たちは絶対に出ませんでした。

しかし、それからの数日間、何度も何度も非通知電話が入ってきたのです。携帯を非通知拒否の設定にしても無駄でした。一日に着信百二十件、それがすべて非通知ということもあり、恐怖におののいていました。

けれども、しばらくすると諦めたのか、いまもなんとか無事です。

実は、この話を自主映画をいっしょに撮っている仲間に話したら、そのうちの何人かにも非通知電話がかかるようになったといいます。そのなかのひとりが我慢できず、出てしまいました。無言電話だったそうですが、後ろで誰かが叫んでいるような声が聞こえたとだけいっていました。

そして、残念なことに彼は田舎に帰ったとき、地元のチンピラとささいな口論から喧嘩になり、刺し殺されてしまったのです。

あの日、僕たちが電話に出てしまっていたら……そう思っただけで鳥肌が立ちます。知らない電話には気をつけてください。

弟とふたりだけの〝かくれんぼ〟――東山康男(三十七歳)

これは僕が小学校六年生のときの出来事です。この話を信じてくれる人はほとんどいないのですが、弟と僕が間違いなく目撃した事実です。

その日、学校から帰ったとき、母はすでに出かけていました。朝から出かけるので、弟とふたりで留守番をするようにといわれていました。秋の日が暮れるのは早く、しかも、外は雨模様だったので、僕と弟は家のなかで遊ぶことにしました。

そのころ住んでいた家は六畳や四畳半などの部屋がいくつもある社宅だったので、けっこう楽しく遊ぶことができたのです。とくに〝かくれんぼ〟には最適でした。弟もかくれんぼは好きで、ときどき友達までやってきて遊ぶこともありました。

でも、その日は家のなかには弟とふたりきり。上手に隠れてしまうと、なかなか見つけ出すことはできません。

弟が鬼の番になったときのことです。

僕は、両親の部屋の布団と衣装箱の入った押し入れの下の段に隠れることにしました。

この部屋には古い本箱とタンスが置かれています。

「もういいよ〜」

僕は弟に合図をしてから、押し入れのなかで息をひそめました。見つからない自信はありました。

案の定、いつまで経っても弟がやってくる気配はありません。きっと、違う部屋や廊下のカーテンの内側などを調べながら、探しまわっているのでしょう。

やがて、足音がしたかと思うと、

「あっ！　見つけた！」

という嬉しそうな声がしました。

なんだ、簡単にわかったんだなと思って、押し入れから出ようとして、不思議なことに気づきました。押し入れはピッタリ閉まっているのに、弟はなぜ僕がここだとわかったのでしょうか。

〈もしかしたら、おびき出す作戦か？〉

そう思い至って、しばらくじっとしていることにしました。すると、

「ずるい！　早く出てこい！」

と、弟が叫びます。

こうなったら僕も、絶対出てやるものかと、膝を抱えました。

しかし、弟は相変わらず「見つけた！」を繰り返すばかり……。狭い場所に窮屈な姿勢でうずくまっている僕は、だんだんイライラしてきました。見つけたのなら、押し入れを開ければいいのに、そんな気配はまったくありません。

そんな状態のまま、十五分くらいが過ぎました。弟があまりにもしつこく「出てこい！」を繰り返すので、僕はついに押し入れから出ていきました。

すると、押し入れの反対側にあるタンスの前に弟が立っています。弟は、こちらには完全に背中を向け、まるで綱引きをするように身体を動かしていました。

そして、

「出てこい！　見つかったんだから、早く！」

と、繰り返しています。

僕はそっと押し入れから出ると、弟の後ろ斜めに立ってみました。すると、そこに奇妙な光景があったのです。

タンスのなかから白い手が伸び、その手を弟が一所懸命引っ張っていたのです。

「誰だよ、それ」

僕が声をかけると、弟はびっくりして振り向き、そのあと自分が握っている白い手を放して、泣きだしてしまいました。

その瞬間、白い手もタンスのなかに引っこんでいきました。

ふたりは家を飛び出し、泣きながら、両親の帰りを待ちました。

永遠にも思える長い時間がすぎ、やっと両親が戻ってきました。そして、タンスのなかを全部調べてくれたのですが、まったく異常はなく、洋服が詰まっているだけでした。

両親は「そんなバカなこと……」といい、結局、この話を信じてもらえませんでした。

しかし、僕と弟ははっきり見たのです。

世にも怪奇な携帯電話——佐藤望美(二十一歳)

「ヴーッ、ヴーッ、ヴーッ」

テーブルの上で携帯のバイヴがけたたましい音をたてました。本を読むのに夢中になっていた私は、その音に思いのほか驚いて、誰からの電話か確かめもせず、勢いよく電話に出てしまいました。

もう夜中の十二時です。こんな時刻に電話してくるのは……予想はついていました。

「もしもし、私。いまからうちにおいでよ！」

やはり、近くのアパートに住む佳子からでした。

おたがいにこの春、上京してきたばかりで、ひとり暮らしには慣れていなくて、夜になるとこうして頻繁に連絡を取り合っていました。

「うーん、どうしようかなあ……」

その日はなんだか出かける気になれず、少しのあいだ黙っていました。すると、

「なんだ。友達、来てるんなら、そういってよ」

と、佳子はいうのです。

「え？　何？」

「だって、人の話してる声聞こえるよ。誰？　私の知ってる人？」

テレビもついていないし、もちろん部屋には私ひとりきりです。

「やめてよ、変なこといわないで。誰もいないよ」

何を勘違いしているんだろう、と私がそういったとたん、

「ギーン！」

携帯から頭を貫くような電子音が鳴り響きました。

「何？　何？」

佳子にも聞こえたらしく、電話の向こうで驚いたような声をあげました。

ところが、すぐそのあとで、

「うん、うん。わかった。何それ、やめてよ。怖いってば……」

誰かとしゃべっています。

彼女こそ、誰と話しているんだろう？

私は電子音に驚いてそれどころではなかったのに、彼女は「誰か」と話しているのです。

たぶん、それを私と思いこんで……。

私は怖くなってベッドの上に携帯を投げ捨てました。彼女の声が遠くから聞こえてきます。身体じゅうが心臓になったみたいにドクドクと音をたてました。

〈ここには何かがいる……。私だけじゃない。目に見えない何かが……〉

そう思った瞬間、私は部屋を飛び出して、佳子のアパートに向かって一目散に走りました。息が詰まりそうなほど全速力で走り、彼女の部屋の前に着くと、ドアのノブに手をかけました。鍵はかかっていません。勢いよくドアを開け、靴を脱ぎながら「佳子！」と声をかけました。

「佳子！　いる？　佳子！」

現われた彼女は携帯を耳に当てたまま、唇を震わせました。

「……あれ？　なんで、携帯持ってないの？」

佳子が呆然とした表情のまま、たったいままで話していた携帯を私のほうに差し出したとたん、

「あはははははははははははははははははは！」

携帯から不気味な高笑いが響きました。

佳子はビクンッと身体を震わせて、携帯を床に落としました。

「あはははははははははははははははは……！」

笑い声はまだつづいています。

私は泣きだしそうになる自分を必死でおさえました。とにかく携帯を切らなければ……。

おそるおそる携帯に手を伸ばし、どうにか拾い上げると、小刻みに震える指でボタンを押しました。

……笑い声はやみ、静けさが部屋に広がりました。

けれどもふたりとも、放心状態で、動くことも、声を出すこともできません。

おたがいに顔を見合わせ、大きく息をしたときです。

「ヴーッ、ヴーッ、ヴーッ」

私の手のなかで佳子の携帯が震えました。

……まさか……。

「ヒッ！」

待ち受け画面を見た私の目に映ったのは、着信中の文字。それから、私の名前……。

そんなことがあるはずはないと、また心臓が激しく打ちはじめました。身体じゅうを悪《お》寒《かん》が走り抜けていきます。

何かの間違いに決まっている……。

「……佳子、携帯……鳴ってる……」

佳子に携帯を見せましたが、彼女は顔を伏せたまま、それを見ようともせず、泣いていました。

〈どうしたらいいの？　同姓同名の誰か？　それとも……。大丈夫。ありえない。私の部屋には誰もいない〉

私は慌ただしく頭のなかで自分自身を勇気づけました。

「ピッ」

そして、思いきって携帯に出たのです。

「……誰ですか？」

なんでもないことを確かめたかったのです。ただ、その一心で搾《しぼ》り出すように声をかけました。

「誰ですか？」

「………」

なんの返事もありません。電波状態が悪いのかと、確かめてみましたが、アンテナは三本立っています。

「誰ですか？」

「………」

「誰ですか？」

「………」

私は恐怖心と苛立ちで、だんだん強い口調になっていきました。

「誰ですか？」

「………」

「ねえ、ふざけないで！ 誰？ 誰なの？ 切りますよ！」

「………」

やはり答えはありません。切ろう。絶対に間違いか、いたずらだ。

そのときです。

「…………だよ」

電話の向こうから、つぶやくような小さな声がしました。

「え？　何？」

「……おまえだよ」

声は聞こえるのに姿が見えない!?——山内圭司（四十一歳）

もう四、五年前になるでしょうか。ある夏の話です。

後輩の渡瀬くんが「会社の夏休み、ぜひ、実家に遊びにきてください」と誘ってくれました。私が勤めている会社は愛知県にあるのですが、渡瀬くんは隣の岐阜県の出身です。

夏休みシーズンはどこに行っても混んでいますし、お金もかかります。渡りに船とばかりに私は渡瀬くんの同僚ふたりも誘って、三人で出かけることにしました。

渡瀬くんは「いろいろ準備もあるので」といって、ひと足先に帰っていました。

私と後輩ふたりは「この調子なら夜の八時ごろには着けるよ」といいながら、車に揺られて、山道を走っていました。

「ちょうど飯どきだなあ。岐阜の地酒でもご馳走になろうかな」

後輩のひとりがそんなことをいったとき、急に車のスピードが落ちたかと思うと、プスンと情けない音をたてて車が止まってしまいました。

「おい、こんな山奥でエンストか。勘弁してくれよ」

私がそういうと、後輩たちは、

「大丈夫ですよ」

といいながら、ボンネットを開けています。

「ほんとに大丈夫か？　原因はなんだ？」

「……わっかりませーん」

やれやれです。私も車のことはわからないので、ロードサービスを呼ぶことにしました。

携帯で連絡を取ると、二十分くらいで着くとのことでした。

それまで、することもないので、ラジオをつけてみました。何の番組かはわかりませんが、歳をとったおばあさんのような声が昔話をしているようです。

それは、雪道に迷いこんだ旅人が、おなじ道を何度も何度もまわって、そのうちに凍え死んでしまう……という話でした。

「地元の昔話ですかね」

後輩はのんびりした声を出しますが、シチュエーションがあまりにもぴったりしすぎて、夏だというのに背中が寒くなってしまいました。

そのうえ、三十分経っても、一時間経ってもロードサービスが来ないのです。

「もう一度、連絡してみよう」

私が携帯で電話をかけると、向こうは不機嫌な声で「行ったのに、そこにいないからイタズラかと思いました」というのです。その道路にはある地点を基準に何キロという表示がしてあるうえ、一本道なのですから、間違えようはないのですが。

「じゃあ、今度は現場に着いたら電話をしてください」

そういって、もう一度依頼をしました。

三十分もしないうちに電話が鳴りました。

「どこですか。やっぱりいないじゃないですか」

ロードサービスの人は、あきれたような声を出しました。

そんなバカなことが……！　私はカーステレオのスイッチを入れ、ロックミュージックを最大音量にして流しました。窓も全開にしました。

そのとたん、心臓をつかまれたように、ドキッとしました。

ロードサービスの人の声といっしょに、携帯から音楽が聞こえてきたのです。

「音は聞こえるのに、姿が見えないぞ！」

私たち三人は顔を見合わせて叫びました。

と、そのとき、目を開けていられないほどまぶしい光が走ったかと思うと、すぐに元の暗闇に戻り、すぐそばにロードサービスの車の明かりが点灯していたのです。

「からかってるんですか。早く合図してくださいよ」

ロードサービスの人はそういってボンネットのなかを点検し、「問題なし」とエンジンをかけてくれました。

別に謝る必要はなかったのですが、「どうもすみません」と丁重に頭を下げた私たちは、急いで渡瀬くんの家に向かいました。

渡瀬くんに山道での話をすると、

「ああ、あそこは冬に若い女の子が遭難した場所ですよ」

と、涼しい顔でいいました。

実際にその場で経験しないと実感としてはわからない恐怖でしょうが、私たち三人は、一生、あそこへは行けなくなりそうです。

目に見えない何かがいる——加藤知佳子（四十歳）

いまから二十年ほど前のことです。

仕事の関係で、それまで住んでいたアパートを引き払って、新しいアパートに移って五日めのことでした。

2LDKのその部屋は独身の私には広く感じられ、がらんとしているだけではなく、空気が冷たく感じられて、いやな気がしていました。それでも、荷物を片づけて、生活用品が納まれば、きっと落ち着くだろうと思っていたのです。

看護師の仕事をしている私は、その日、深夜勤務だったので、部屋の掃除をしました。そして、夜勤に備えて早めの夕食をとって、仮眠をとろうと、午後七時に横になりました。

一時間ほどうとうとしたときです。

突然、浴室のドアを閉める音や、ビニール袋をがさがさせる音、人が歩く音で目が覚めました。

〈誰か、いる……〉

一瞬、そう思いました。

電気をつけて、あたりを見渡しましたが、誰もいません。いるはずがありません。

〈隣の部屋の音だ〉

私の部屋はいちばん端にあるのですが、隣には女子大生が住んでいるので、きっとその部屋から聞こえてくるのだと納得したのです。物音は、私が出勤するまでつづきました。

午後九時になり、仕事に行くため、駐車場に出ました。すると、「こんばんは。これからお仕事ですか？」と声をかけてきた人がいます。隣の女子大生でした。

「あなたもこれから出かけるの？」

何気なく聞くと、彼女は、

「いいえ、私はいま帰ったところ」

と、屈託なく答えます。

「えっ？」

思わず言葉に詰まってしまいました。

その日を境に、人の気配と物音は昼夜を問わず聞こえてくるようになったのです。

〈この部屋には、目に見えない何かがいる〉

そんな気がするようになりました。

そして、そのことを職場の同僚に話したところ、彼女がようすを見に来てくれることになったのです。友人はれんが造りの建物を見て「すてきじゃない」といい、私の話には半信半疑だったようです。

しかし、彼女が部屋に入って二十分もしないうちに異変は起こりました。

どこからともなく、低くくぐもったセキ払いのような音、聞き取れないほど小さなボソボソという声が聞こえてきたのです。午後二時だというのに部屋のなかは薄暗く、湿ったような、とてもいやな感じがしました。

「聞こえた？」

私が友人の顔を覗きこむと、青い顔をして頷きました。

決して私だけの空耳《そらみみ》ではない、身の毛がよだつとはこのことだと思いました。

私はすぐに大家さんに連絡をとったのですが、案の定「そんなバカなこと……」と一笑にふされてしまいました。

しかし、それだけではすまなかったのです。

引っ越してきてから、ちょうど一カ月が経った晩のことでした。

日勤が終わり、ぐったり疲れて眠っていた私は、突然強い衝撃を受けて、目を覚ましました。肩にものすごい力が加わり、激しく揺さぶられています。誰かが私の肩をつかんで揺り動かしたのです。

心臓が止まるほど驚いて、起き上がろうとした私は目を開けて、息を飲みました。

目の前に、すぐ目の前に男の人の顔があったのです。若い青年のように見えました。

男は邪気のこもった目で私をにらみつけると、低い声でこういいました。

「どうして、ここへ来た！　どうして、人に話した！　出ていけ！」

恐怖のあまり、私はそのまま気を失ってしまいました。

それは夢などではありません。夜が明けて気がついた私の肩には、くっきりと赤く手の形が残っていたのですから……。

私はアパートを出ました。

その後、手続きの件で大家さんを訪ねたところ、急死してしまったとのことでした。どんな理由があってあんなことが起こったのか、最後の最後までわかりませんでしたが、人の思いというものがこんなにも強いものなのかということを知らされた出来事でした。

布団が重くなったと思ったら……――星野博美（四十五歳）

もうずいぶん昔、長雨のつづく七月、期末テストが近づいたころのことです。

いつものように学校から帰ってきて昼寝をし、夜八時に起きだして夕食を食べました。机に向かったのは午後九時ごろのことです。これがテスト前の私の生活パターンでした。

午前三時、そろそろ眠ろうと思い、自分の部屋の襖をピタリと閉め、布団に入りました。私は怖がりなので、眠るときも真っ暗にはしません。螢光灯についているオレンジ色の豆電球だけはつけたままにして眠るのです。

睡魔はすぐにやってきました。いつもなら、そのまま目覚まし時計が鳴るまで目を覚ますことはないのですが、その夜は違っていました。

「ガチャ……ガチャ……」

遠くから気になる音が聞こえてきます。

あれは、玄関のノブをまわそうとしている音です。

「ガチャ……ガチャ……」

こんな遅い時刻にいったい誰？　と、身を硬くしたけれど、鍵はきちんと締めたし、開くはずがないと自分に言い聞かせていました。

ところが、

「カチャ……」

鍵の開く音が……。

〈泥棒だ！〉

家族に知らせなければならないと思って、起き上がろうとして、愕然としました。身体が動かないのです。

「トン……トン……」

足音が聞こえます。

玄関から何者かが入りこんできたのは間違いありません。そして、それは明らかに私の部屋に向かっています。薄目を開けて室内を見ると、いつもと変わらない光景。さっきまで勉強していた机の上には歴史の教科書に英和辞典を挾んだまま。イスの背には、さっき脱いだ服がかけられたまま……。

不思議なことに、身体は動かないけれども、頭を動かさない範囲でまわりを見ることができます。

目をつぶると、耳が冴えてきて、

「スーッ……」

襖がゆっくりと滑るような音が聞こえてきました。

ふたたび薄目を開けて、おそるおそる天井から襖へと視線を落としていくと……。

さっき閉めたはずの襖が十センチくらい開いていました。そして、それはさらにゆっくりゆっくり開かれていきます。

それを見た私は、恐怖のあまり、しっかりと目を閉じました。

何かが私に近づいてきます。

金縛りはますます強くなっていきました。

重く、締めつけられるようなこの感じを知っている人は少なくないと思います。

身体が重くなりました。それはもう金縛りのせいだけでないことはわかっていました。

何かが私のお腹の上にのしかかったのです。布団に押しつけられ、息もできないような重みに、私はたまらず目を開けました。

すると、私のお腹の上に、大きめの西瓜《すいか》ほどもある丸いお地蔵さんの頭が見えたのです。

二頭身で、目を閉じた顔には表情はなく、身体の部分はまだ彫られていない石のままでした。

私はそのまま眠ってしまったのでしょうか。気を失ったのでしょうか。

気がつくと朝になっていました。

第三章　血も凍る死者からのメッセージ

霧の夜に潜む冥界——植田昌弘(三十五歳)

十六年前、私はある地方都市の私立大学に通っていました。あの不思議な出来事が起こったのは、入学して三カ月ほど経った、ある日曜日のことでした。

その日、私はクラスのなかでいちばん最初に親しくなったKと市内のジャズバーで深夜まで話をしていました。たがいの趣味のことや大学生活のことなど、とりとめなく話しながらも、大いに盛り上がっていました。

何気なく時計を見ると、もう午前二時を過ぎています。

私たちはグラスに残っているバーボンの水割りを飲み干し、席を立ちました。

支払いをすませ、店のドアを開けると、表にはその土地特有の濃霧がたちこめていました。三メートル先も見えないような霧に、一瞬、たじろいでしまったことを覚えています。

「そんなに霧が珍しいのか」

地元の人間のKは、そういって笑いながらも、アパートまで送ってやろうかといってくれたのですが、そう遠い距離でもないので、ひとりで歩いて帰ることにしました。

店の前でKと別れた私は、息苦しいほど重々しく漂っている霧のなかを急ぎ足でアパートに向かいました。

〈今日も一時限目から授業なのに、朝起きられるかなあ……〉

そんなことをぼんやり考えながら歩いているうちに、道を間違えたらしく、見知らぬ路地に出てしまいました。

引き返そうかなと、ふと右のほうを見ると、二十メートルほど先の霧のなかに何かの明かりがぼんやりとまたたいています。こんな夜遅くに何の明かりなのか、なんとなく引き寄せられるように、私は明かりを目指してしまいました。

近くまで行って、驚きました。

そこは、映画館だったのです。昔、よく見かけた木造の古びた建物で、午前二時をとっくに過ぎているというのに、切符売り場や館内に煌々《こうこう》と電灯がともっています。耳を澄ませると、館内から上映中の映画の音なのか、ぼそぼそと話す低い声が漏れてきました。

霧のなかに浮かび上がるその光景は、なんともいえず幻想的な雰囲気でした。

しばらくして、ふと背後に人の気配を感じました。ハッとして振り返ると、そこには二十二、三歳くらいの短髪で背の高い青年が、私をじっと見つめて立っていました。陰気な雰囲気のその青年は、開襟シャツの胸ポケットから安物の茶封筒を取り出し、それを私のほうに、ゆっくりとした動作で差し出すと、こういいました。

「もうしわけありませんが……。この封筒を……この先の病院の前にいる者に渡してもらえませんか……」

見知らぬ青年からそんなことをいわれて、どうして黙って茶封筒を受け取ってしまったのか、いまでもよくわかりません。有無をいわせぬ、何か強いものを感じたのでしょうか。私は青年から茶封筒を受け取ると、逃げるように歩きだしました。

そして、五、六歩進んで、振り返ってみると、もう、青年の姿はありませんでした……。ますます深くなる霧のなかを百メートルほど行くと、青年がいったように病院がありました。その病院も映画館とおなじように、朽ちかけた古い二階建ての木造ですが、なかから漏れてくる明かりが廃院になっていないことを物語っていました。高い塀に囲まれた病院の鉄扉は開いています。

そこからなかを覗きこんでみると、観音開きの玄関の扉も大きく開かれていました。一階が診察室で、一階中央にある大きな階段が二階につづいている構造になっています。おそらく二階が病室なのでしょう。

どうしたものかと、玄関の少し手前に立って考えていた、そのときです。

スーッと浮き出るように階段の前に人影が現われたのです。私は思わず、二、三歩、後ずさりしました。

人影はゆっくりと、まるで滑るように私のほうに近づいてきました。霧のなかでも、顔がはっきりわかるところまで来ると、人影はピタリと止まりました。

目を凝らして見ると、十七、八歳くらいでしょうか、いまどき珍しいお下げ髪の少女でした。黒い大きな目が印象的なその少女は、ひどく痩せていて、思いつめたような暗い表情をしています。青ざめた美しい顔が、霧のなかにくっきり浮かび上がるようで、思わずゾクッと身震いしてしまいました。

「……私にご用があるのでしょう？」

生気のない、か細い声で少女はそういいました。

我にかえった私は「こ、これを……」といいながら、小刻みに震える手で茶封筒を差し出しました。少女はそれが届くことを予期していたかのように、自然なしぐさで茶封筒を受け取ると、着ていた寝巻きの衿《えり》のあいだに大切そうにしまいこみました。

「ありがとうございます。このなかにはとても大切なことが書いてありますの。本当に届けてくださって、ありがとう」

少女は妙に寂しそうな笑顔で、お礼をいいました。

用のすんだ私が「それでは……」といって立ち去ろうとすると、

「お届けくださったお礼に、お茶をおいれしますから、どうぞ病院にお入りください」

少女は思いがけないことをいいました。

私がなんと答えていいかわからず、呆然としていると、少女は待ちかねたように、「さあ……」といいながら、私の手首に軽く触れました。

その瞬間、私は心臓をギュッとつかまれたようなショックを感じました。

少女の指先はとても人間のものとは思えないほど、冷たいものだったのです。

私は口から漏れそうな悲鳴を呑みこみました。

そして、私のなかの何かが、急に危険信号を発したのです。

〈病院に入ってはいけない。ここにいてはいけない……。早く、この場を立ち去るんだ!〉

冷たい氷のような目でじっと私を見つめる少女の手を振り払うように、踵《きびす》を返すと、私は一目散に駆けだしました。

しばらく走り、息を切らせながら、ふと後ろを振り返った私は、今度こそ、大きな悲鳴をあげてしまいました。

振り向いた目の前、ほとんど私の肩先に、少女の暗い顔があったのですから……。大きな目で、じっと私をにらんでいます。そして、かいだこともないようないやな臭いがたちこめました。

私は、ふたたびまわれ右をすると、霧のなかを無我夢中で走りました。どこをどう走ったのか、まったく覚えていませんが、気がつくと、見覚えのある公園にたどり着いていました。公園の砂場にへたりこんで、荒い息を吐きながら、おそるおそる後ろを振り返ってみましたが、もう少女の姿はありませんでした。

アパートの自分の部屋に戻った私は、いやな霧を洗い流すような気持ちでシャワーを浴び、ベッドに潜りこんで、震える思いで朝を待ちました。

つぎの日の昼休み、私はKに昨晩の出来事を話しました。怪訝《けげん》な表情で話を聞いていたKですが、急に、ハッと目を上げ、思い出したように語りはじめました。

「いまは、この町にそんな映画館や病院はないけどね……。いつだったか、おばあちゃんに聞いたことがあるんだ。戦前、というから、だいぶ前のことだよな。二丁目に病院があったんだって。その病院の院長の娘さんが重い肺病で二階の病室に入院していたんだ。娘さんには大学生の彼氏がいて、よく看病をしていたそうなんだが、ある日突然……、病院裏の雑木林で服毒心中してしまったそうなんだ。治る見込みのない病に絶望してしまったんだろうなあ……」

しんみりと話すKをよそに、私の背筋は冷水を浴びせられたようにゾーッと寒くなりました。

昨夜のふたりがKの話す〝心中したふたり〟なら、私は霊界に迷いこんで、この世のものではない恋人どうしの手紙のやり取りを手伝ってしまったことになります。

もしあのとき、少女に誘われるまま、病院のなかに入っていたら、どうなっていたのでしょうか。いまでも、あの世界から抜け出すことができず、霊界を彷徨《さまよ》うことになっていたかもしれない……。そうだとすると、少女はなぜ私を誘ったのでしょうか。ひょっとしたら、健康な私の身体に嫉妬を覚えたのかもしれません。そう思うと、冷たい戦慄を覚えずにはいられません。

あれは決して夢や幻想ではありませんでした。あの少女の暗い底なし沼のような瞳は、いまでもはっきりと私の脳裏に焼きついているのですから……。

ひとりで死ぬのが怖くて……——三木泰広(三十歳)

これは五年前のことです。私はフリーターでしたが、親が貸してくれた都内のはずれのマンションに住み、収入の割には恵まれた生活環境のなかにいました。

都内といっても埼玉県に近く、市街化区域というのでしょうか、コンビニがなくなり、接骨院がなくなったと思ったら、新築のマンションの建築が始まるといったところでした。

私の部屋は四階にあったのですが、私はベランダが苦手でした。高所恐怖症気味なのです。四階から前の車道を見下ろすと、ヒヤッとします。

私の場合、なぜか昼間のほうが怖いと感じました。時刻でいえば午後三時です。真っ暗な深夜や朝方は比較的怖くないのに、午後三時ごろにベランダに出ると、手すりをしっかり握っていても、前の車道に吸いこまれそうになるのです。そんなとき、頭のなかは真っ白になっていました。

そのうえ、ときには誰かに見られている気がして、足が震えました。

独身の一人暮らしでしたから、万年床にならないよう、布団はこまめに干すのですが、この布団を取りこむ時刻がいちばんいやでした。

忘れもしない、七月下旬の猛暑のある日のことです。その日は、いつもよりからりとした風が吹き、青空が広がっていました。

こんな日は布団を干す絶好の機会だと、午前中に干しておいた布団を取りこもうとベランダに出ました。それが、ちょうど午後三時だったのです。

ベランダに出たとたん、まぶしい陽の光とは対照的に、ゾクッと寒けが走りました。

一瞬、目をつぶると、そのまぶしさのなかに着物を着た老婆の顔が浮かび上がりました。

もじゃもじゃの白髪頭で、皺《しわ》だらけの顔……。その顔だけがたしかに目に焼きつくように見えたのです。

驚いて、目を開けました。全身に汗がだくだくと流れてきます。

たったいま目に浮かんだものを打ち消したくて、もう一度そっとまぶたを閉じると……やはり、顔だけの老婆が……。

私は両手で、手すりをしっかりと握りました。と、突然、身体の自由が奪われたかと思うと、重心がどこにあるのかわからなくなりました。手や足に奇妙な力を感じます。目を開けてみて、ギョッとしました。私は手すりの上に馬乗りになっていたのです。少しでも重心が傾けば、そのまま車道に真っ逆さまに落ちてしまいます。いまにも、車道に吸いこまれるような感覚に襲われました。

そのとき、「危ねえぞ！」と、野太い声がしました。

車道からこちらを見上げている体格のいい中年の男性が叫んだのです。

「大丈夫か！」

もう一度声をかけられて、身体から奇妙な力が抜けていきました。そこで初めて、自由に動くようになったのです。私は震えながら、ベランダの内側に降り、深呼吸をしてあたりを見渡しました。さっきから、誰かに見られているような気がしてしようがないのです。

そして、見つけました。

隣に建つ十四階建てのマンションの十階……。そこから老婆がじっとこちらを見下ろしていました。和服を着て、上半身を乗り出したその顔は皺《しわ》だらけで、もじゃもじゃの白髪頭です。しかも、白粉《おしろい》を顔全体に塗り、真っ赤な口紅をつけた口は「ニイー」と笑っているように見えました。

老婆は私と目が合うと、さっと部屋のなかに入ってしまいました。

私はその日の夜、隣のマンションに行き、老婆がいたと思われる家を探しました。たしか左から二つめの窓だったと思い、玄関の前に立つと、ドアには黒い枠の紙に「忌中」と書いたものが貼られていました。

勇気を出してインターホンを押しました。そこに現われたのは、喪服姿の女性でした。

「こちらにおばあさんが住んでいませんか？」

私が尋ねると、女性は目をそらしながら、

「一人暮らしだったおばあちゃんが亡くなったんですけど……」

といいます。

「おばあさん、今日の昼、ベランダに出ていませんでしたか？」

私の質問に女性は怪訝《けげん》そうな目を向けました。

「おばあちゃんが亡くなっているのを発見されたのは昨日で、今日は一日じゅう、私がこの部屋でお通夜の用意をしていたんですけど……。あなた、どこの方？」

「あ……。この近所に住んでいる者ですが……」

「おばあちゃん、鬱《うつ》病で……」

そういったきり、会話は途切れてしまいました。

私はお悔やみをいって、玄関を閉めると、ドアの前で手を合わせました。

私がベランダで見たのは何だったのでしょうか。ひょっとしたら、おばあさんはひとりで死ぬのが怖くて、誰かを道連れにしたかったのでしょうか。そんな気がします。

あの日以来、ベランダに出ても怖いと思うことがなくなりました。誰かに見られている気配もありません。

ということは、やはり……。

来る……誰かが……来る——藤木政成（四十二歳）

あれはもう二十年ほど前のことです。ずいぶん時間が経っていますが、いまでも忘れられないことがあります。

当時、藤沢にある大学に行っていた私は、江の島の海岸近くでひとり暮らしをしていました。その年は例年よりも暑く、私は夏休みにも実家に帰らず、海辺の夏を満喫していました。

ある日のことです。大学の友人が私のところに泊まりに来ていました。昼間は海でさんざん楽しみ、夜はビールを飲んで話していたのですが、十一時を過ぎたころになって、空腹感を覚えました。近くにコンビニがあるので、こんなときは便利です。

ふたりで海沿いの道を五分ほど歩き、コンビニに買い出しに行きました。昼間の暑さが厳しいだけに、夜風が心地よく感じられ、帰り道は砂浜を通ってみることにしました。

真夜中の砂浜は昼間とは打って変わって人影もなく、ただ寄せては返す波の音が聞こえるだけです。波打ち際に白く波が浮かび上がり、あとは深い夜の海が広がっていました。

「ザッザッザッ……」

砂を踏みしめるふたりの足音がやけに大きく聞こえました。

そのときです。ふいに誰かの声が聞こえたような気がしました。

「え？　何か、いったか？」

前を歩く友人に声をかけると、

「何もいってないよ」

と、振り向きもせず答えます。

気のせいかと思っていると、

「パパ」

今度ははっきり聞こえました。子供の、男の子の声です。

「おい、いまの声、聞こえたか？　どこかに男の子がいるぞ」

慌てていうと、友人はあきれたようにいいました。

「何いってるんだ。こんな時間に子供がいるわけないだろ」

それはそうなのですが、たしかに私には聞こえたのです。背筋が寒くなりました。

「走ろう」

私は友人を促して走りだしました。足もとの悪い真っ暗な砂浜を夢中で駆けていると、私ほど切迫したようすのない友人と距離ができてしまいました。そのときです。

「助けて！」

という声とともに、私の腕は何者かにつかまれ、すごい勢いで引っ張られて砂浜にしりもちをついてしまいました。

「わわあ！」

私は叫び声をあげ、全速力で走りました。

どこをどう通って帰ったのかわかりませんが、なんとか家までたどり着くと、後ろから追いかけてきた友人に自分の身に起こったことを話しました。

「そういえば……ニュースでいってたけど、昨日子供が溺れ死んだらしいよ、あの海岸近くで。たしか小学生の男の子っていってたような気がする……」

私は、おさまっていた寒けがふたたび戻ってくるのを感じました。

あのときに、実家に戻っておけばよかったのです。

友人が帰ってしまってから一週間ほど経った夜のこと。恐ろしい夢を見て目を覚ましました。それは海で溺れた男の子がもがき苦しんでいる夢でした。波間に男の子の頭が何度も何度も浮かんでは沈んでいきます。男の子は手を伸ばしながら、私に向かって、「助けて」と叫んでいました。その声は……紛れもなく、あの日、浜辺で聞いたものでした。

全身、汗でびっしょりになった私は、急に寒けを感じました。時計を見ると、もう午前一時を過ぎています。

〈来る……誰かが……来る〉

ふいにそう感じました。

いいえ、誰かではありません。「あの子」が来るのです。

私は慌てて窓を閉め、玄関の鍵を確かめました。

夏なのに、布団にくるまっていないと我慢できないほど、身体が冷えきってきました。

「助けて……助けて……」

あの声です。近づいてきました。

「コトコト、コトコト……」

部屋のドアを開けようとしているのでしょうか。物音がしました。私は恐怖のあまり、動くこともできません。しばらくすると、あきらめたのか、物音がしなくなり、私は「ふーっ」と深い溜息をつきました。

しかし、今度は別のほう……窓に何かの気配が……。

「ガタ……ガタガタ……」

開けようとしています。

鍵がかかっているから……そう思った瞬間、その窓はスーッと開き、そこから小さな手がニュッと出てきたのです。小さな青白い手につづいて青白い顔が……。水が垂れ、目も鼻もわからないほど醜く膨張して崩れた顔……。

私は布団を頭からかぶりました。

〈あっち へ行け！　来るな！　来るな！〉

必死で念じながら、布団を握りしめていると、耳もとで、か細い声がこういいました。

「……どうして……助けてくれなかったの……」

かぶっている布団にいやな重みを感じました。

そのあとのことは覚えていません。気がつくと、朝の光が差しこんでいました。私はおそるおそる布団から顔を出して部屋を見渡しましたが、いつもと変わらない光景でした。

〈恐ろしい夢だったな……〉

固まった身体をほぐそうとベランダに出てみたのですが、そのとたん、恐怖で全身に鳥肌が立ちました。ベランダにはおびただしいほどの海藻が散乱し、そして、窓には小さな手の跡が残っていたのです。

私はすぐに荷物をまとめ、実家に帰りました。引っ越しも業者に頼み、二度とあの家には近寄りませんでした。そして、いまでも海に行く気にはなれません。

氷のように冷たい手の女――小川聡（七十三歳）

四十年前、私は郷里の銀行に勤めておりました。

その日は取引先の話し好きの社長につかまってしまい、やっと解放されたのは、すでに夕闇の迫るころで、私は雪道を駅へと急ぎました。低く垂れこめた鉛色の雪雲から、ぼた雪が降りつづきます。

運行本数の少ない帰りの電車の発車時刻が迫っていたので、少々焦り気味で、駅への近道の農道を通り、足を速めていました。すっぽりと雪に覆われた農道に人影はなく、新雪を踏みしめる自分の「キュッキュッ」という足音だけが聞こえてきます。

ちょうど、道の半ばまで来たときです。ほんの少し、足が滑ってバランスを崩したと思ったら、つぎの瞬間には、脇を流れる潅漑用の水路に落ちてしまいました。幸い、水は膝くらいまでの深さしかなかったものの、下半身はずぶ濡れになってしまいました。

手にしていたバッグを農道に放り上げ、這い上がろうとしたのですが、厚く積もった雪は思ったよりも高く、なかなかうまく脱出することができません。足もとを流れる水は身を切るように冷たく、全身が凍りついてしまうような感覚です。

このままだと凍死してしまうかもしれないと思うと、よけいに焦ってしまい、むやみに両手で積もった雪の壁をつかもうとあがいていました。

するとそのとき、

「私の手に、つかまって」

女性の声がして、白い手が差し伸べられました。

地獄に仏とは、まさにこのことです。

引き上げられたときはほっとしたものの、ショックと寒さでしばらくは立ち上がることができません。助かったと思ったとたん、激しい震えが全身を覆いました。

「この近くに知り合いの家があるから、そこで服を乾かしてもらいましょう」

私を助けてくれた、黒っぽい角巻《かくまき》を口もとまで引き寄せた女性は、そういいながら、さらに助け起こしてくれました。薄暗がりのなかでも、その頰の白さは際立っていました。

女性は先に立って歩き、近くの農家に私を誘ってくれました。

家のなかに入ると、土間につづく座敷で四、五人の男たちが囲炉裏《いろり》を囲んで談笑しています。ガラス戸越しに私を見たこの家の主人らしき人が立ち上がってきて、

「やあ、水路にはまりなすったな」

と、すぐに事情を察してくれました。

「ともかく、入りなさい」

主人は私を抱きかかえるようにして、浴室に連れていってくれました。

「ちょうど湯がわいているから、ゆっくり暖まって。濡れたものは乾かしておくから」

その言葉に甘えて、さっそく熱めの湯に入ると、皮膚からやがて身体の芯まで暖かさが

伝わってきたところで、ようやく震えは止まりました。

風呂から上がると、分厚い綿入れを出してくれ、囲炉裏端に座らせてくれました。親切なこの家の人が見知らぬ私に用意してくれた熱燗《あつかん》のおいしさは忘れることができません。熱く香ばしい液体が咽喉から胃の腑へと降りていき、ほっと人心地ついたとき、私は水路から私を助け上げてくれた女性の姿がないことに気づきました。

「私をここに連れてきてくれた人は……？」

どうしてもお礼をしなければならないと、尋ねてみたのですが、その家の人たちは、

「家に入ってきたのは、あんたひとりだったよ」

といいます。

怪訝な顔をする私に、どんな人が連れてきてくれたのかと問うので、

「なにしろ薄暗いうえに雪が降っていたし、気が動転していたのでよく覚えていないのですが、三十歳くらいの女の人でした」

と答えたのですが、その場にいた人たちはまったく覚えがないと首をかしげるばかりでした。

ところが唐突に、

「それは、雪女じゃよ。昔話に聞いたことがある」

上座に座っていた老人が口を開きました。

「吹雪の日に出会った者は命がないと聞いているが、あんたがいい男だったんで、雪女も一目ぼれしたんじゃないかの」

その言葉に、どっと座が沸きました。

結局、この「雪女」の話をきっかけに、私を救ってくれた女性が誰だったのか、詮索はうやむやになってしまいました。

その後、最終の列車に乗って、下宿に帰り着いた私は、すぐに布団に潜りこんで眠ってしまったのですが、夜中に咽喉の渇きで目を覚ましました。

いいえ、咽喉の渇きばかりではありません。老人の話した「雪女」のことや、異常に冷たかったあの女性の手の感触を思い出して、背筋が凍りついてしまったのです。

しかし、それから一年以上、あの女性のことを思い出すことはありませんでした。そう、ふたたび、姿を見るまでは……。

翌年五月、結婚した私は県北部の支店勤務となり、妻と郊外の社宅に住みはじめました。やはり雪深いその土地での生活もやっと落ち着いてきた年末のある日のことです。

雪の勢いが弱まった休日の午後、妻と私は町の商店街に買い物に出かけました。そろそろ帰ろうかというときになって、妻はばったり知人と出会い、店の前で立ち話を始めたので、私は一足先に帰ろうと、歩きはじめました。

この時期、天候は急変することが多く、いつの間にか空には黒雲が渦巻き、突風が細かい雪をともなって吹きつけはじめました。少しでもその冷たさから逃れようと、首をすくめ、うつむき加減に歩きます。それでも、容赦なく顔面に吹きつける雪で、視界も定かではありません。

しばらく歩いたとき、前方にじいっとたたずむ影に気がついて足を止めました。同時に鋭い視線を感じた私は、ゆっくりと顔を上げました。視界の悪い吹雪のなかから、暗灰色の人影が近づいてきます。それが私の目の前に立ったとき、思わず息を飲みました。

それは紛れもなく、私を救ってくれたあの女性だったのです。

あのときとおなじように、角巻で顔の半分を覆い、異様に黒く光る瞳で私をじっと見つめています。

その目に見つめられたとたん、私は視線を外すことができなくなってしまいました。身体も自分のものではないかのように、動きません。

〈逃げなければ……!〉

とっさにそう思いました。

しかし、どうしても身体が動かないのです。

女性の黒い目が見ています。その目がどんどん大きくなっていくように感じられました。目ばかりではありません。たしかに角巻で覆われた顔もどんどん大きくなり、ついに私の視野いっぱいに広がってしまったのです。あたりの景色はすっかり消えてしまいました。

つぎの瞬間、「ゴオッ」と音をたてて、雪が激しく私のまわりで渦巻き、私は自分の頬に痛みにも似た冷たさを感じ、思わず、両手で顔を覆おうとしました。

しかし、自分の頬に触れることはできませんでした。そこには、あの冷たい女性の手が張りついていたのです。

そして、真っ黒な瞳が私を覗きこみ、こんな声が聞こえました。

「行きましょう……」

角巻のなかの真っ白な肌……。そして、真っ赤な唇……。

ふっと意識が遠のいていくような感覚を覚えたそのとき、背後から妻のせっぱ詰まったような声が響きました。

「あなた。どうしたの？」

はじかれたように振り返った私の身体は、自由を取り戻していました。

駆け寄ってくる妻を確認し、もう一度前方に向き直ったときには、女性の姿はかき消すようになくなっていました。

妻は、じっと立ったまま動かない私を心配して走ってきたのだといいますが、私の見た角巻姿の女性はもちろんのこと、まわりには誰もいなかったといいます。

私は平静を装って歩きはじめましたが、いったいあの女性は何者だったのでしょうか。あの日、囲炉裏を囲みながら、老人が話したように、本当に「雪女」だったのかもしれません。それ以外に説明がつかないのです。私に心を残し、ふたたび異界から現われたのでしょうか？

その後も彼女の出現をひそかに恐れていましたが、ふたたびその姿を目にすることはありませんでした。

けれども、あの黒い瞳と、私に触れた手の氷のような冷たさだけは、いまでも忘れることができないのです。

誰にもいうなよ！——伊藤花音（四十六歳）

学生時代、私は仙台のある町に一軒家を借りて住んでいました。

もちろん、ひとりではありません。大学生だった私は、大学で知りあったひとつ年下の男子学生と同棲していたのです。

その借家は、築三十年以上は経った平屋の木造住宅でした。

家を借りるとき、私は何かいやな感じを抱いたのですが、好きな人といっしょに暮らせるし、家賃も格安、交通の便もいいということで、多少の不安には目をつぶったのです。

引っ越してから、ふたりだけのはずなのに、誰かいるような気配を感じることがありました。前の住人の生活感とでもいうのでしょうか……。

台所の流しにつけまつげが置いてあったり、閉めてある襖の向こうに誰かいるような気がしたり、なんとなく落ち着きませんでした。

少しばかりのふたりの荷物を片づけてから、私たちは共通の友人を招いてささやかなパーティーをしました。私の友人の奈保子と麻美、彼の親友の緒方くんの五人で楽しく話をし、ずいぶん盛り上がりました。

夜も深まったころ、みんなで百物語をしようということになりました。ひとりひとり話していき、最後に私の彼の番になりました。

それは、私も聞いたことのない話でした。

彼には二歳違いの弟がいます。弟には知的障害がありました。彼がまだ小学校に入る前の五、六歳のころ、近所にいるおじさんによく遊んでもらっていたといいます。そのおじさんは子供心に少し頭がおかしいのかなという印象があったそうです。

ある日のこと、彼と弟はおじさんの軽トラックの荷台に乗って遊んでいたのですが、ふたりが荷台にいるのを知ってか知らずか、おじさんがいきなりエンジンをかけ、急発進をしてしまいました。そのとき、弟が荷台から落ちて頭を強く打ち、それが原因で知的障害者になってしまったのだそうです。

それからしばらくして、そのおじさんは急に亡くなりました。

お葬式の日、ふたりはおじさんのそばに座っていました。なぜかほかの大人たちはその場にいなかったといいます。

突然、風もないのに、おじさんの顔にかかった布が動きました。

彼は変だなと思って、じいっとそのようすを見ていました。つぎの瞬間、おじさんがむっくりと起き上がり、弟の頭を撫でてから、こういったのだそうです。

「誰にもいうなよ！」

彼の話が終わると、みんなしーんとしてしまいました。

私は彼の弟のことも知っているだけに、とても作り話だとは思えず、背筋がぞくぞくしたものです。

そして、この話にはつづきがあります。

実はこのパーティーの日から数日後、私の彼は交通事故で亡くなりました。私は生きる気力もなくしたような状態になり、一軒家を引き払って山形の実家に戻りました。

そして二年後。彼の友人の緒方くんは仕事に行き詰まって排ガス自殺をしてしまいました。まもなく、私の友人の奈保子は白血病で亡くなり、もうひとりの友人麻美はそれ以来、音信不通で生死もわかりません。

だから、あのときの話を覚えているのは私だけなのです。

彼があの話をしているあいだじゅう、隣の部屋との仕切りの襖がガタガタ揺れていたのを昨日のことのように思い出します。まるで「やめろ」といっているかのように……。

いま思うと、あの話はきっと話しても聞いてもいけない話だったのではないでしょうか。

祖父の新盆の夜
——松田真砂子(二十四歳)

亡くなった祖父の新盆に、父とふたりで祖母のもとを訪れたのは、私が高校生のときのことでした。

当時、私は口うるさい父を嫌い、祖母の家に向かう車のなかでもほとんど口をききませんでした。

　祖母の家についても、挨拶もそこそこに二階へ上がると、そのままテレビをつけて寝ころびました。祖母や亡くなった祖父を嫌いだと思ったことは一度もなく、むしろ話したい気はしたのですが、父と祖母と私の三人がぎごちない会話をする場面を想像するだけで、一階に降りる気などなくなってしまったのです。

「なんで、私が来なきゃいけないのよ。お父さんがひとりで来ればよかったじゃない……」

　父への不満をぶつぶついっていると、荒々しく階段を上がってくる足音が聞こえてきました。すぐに父だと思った私は、ドアに背を向けました。

　部屋の戸が開けられると同時に、案の定、父の怒った声が降ってきました。

「おまえ、いちばん先にご先祖さまに手を合わせんといかん！」

「うるさいな。ご飯のとき、下に行くから、そのときでいいじゃない。それから、部屋に入るときは、ちゃんとノックしてよね」

　私は父に背を向けたまままいいました。そんな私の意固地な態度に、父も、

「勝手にしろ！」

　といって、階段を降りていってしまいました。

何時間か経って、テレビをつけたまま、うとうとしていると、

「トン……トン……トン……」

誰かが階段を上がってくる音がします。さっきの父とは違う静かな足音でした。

〈おばあちゃんかな？〉

そう思ったとき、「トントン」とドアがノックされました。

「どうぞ」

祖母にちがいないと思った私は、起き上がってそう答えましたが、誰も入ってきません。しばらく待ちましたが、ドアを開ける気配すらしません。

不思議に思った私はドアを開けてみました。そこには誰もいませんでした。しかし、そのかわり、そこには私が部屋の前で脱いだものとは別のスリッパがもう一足あったのです。古びたそのスリッパには……見覚えがありました。

私は背筋が寒くなるのと同時に、階段から落ちそうになりながら、下に駆け降りました。一階では父が新聞を読み、祖母は洗濯物を取りこんでいる最中でした。

「いま、誰か二階に上がってこなかった？」

私の慌てぶりに驚きながらも、ふたりは首を横に振りました。

当然の答えです。なぜならば、私は階段を上がってくる足音はたしかに聞きましたが、

降りる足音は聞いていないのですから。

青ざめてたたずむ私は、無意識に古ぼけたスリッパを握りしめていました。

「あら、それおじいちゃんのスリッパ。しまっておいたのに、どうしたん？」

祖母が不思議そうな顔をしました。

やっぱり……！

私は父と祖母にすべてを話し、すぐに仏壇に手を合わせました。

それから祖母の家にいた三日間、私は恐怖からずっと父と行動をともにし、寝るときも父の隣に布団を敷きました。そうしているうちに、いつの間にか、父と普通に話をすることができるようになったのです。

いま思えば、あれは私の態度や父と私の仲を見かねた祖父からの声なきメッセージだったのかもしれません。

死んでも終わりじゃない――木村もも（三十三歳）

去年の夏、私は絶望の淵にいました。

ずっと担当していた仕事を上司に奪われ、そのうえ、婚約者にも裏切られて、心底疲れきっていました。

会社に行く気にもなれず、楽しいことなど何も考えられなかった私の望みは、死んでしまいたいということだけ……。死にたい……。死にたい……。死にたい……。

毎日思いつめ、とうとう実行しようと、ある日、自殺の名所として名高い某山林に足を踏み入れました。うっそうと茂った木々が昼間でも太陽の光を遮り、足もともおぼつかない山道を私はとぼとぼと歩いていきました。

最期の場所を求めて、けもの道を彷徨っていると、少し先に小さな黒い影が見えました。近づくうちに、それは石に腰かけた中年の女性だとわかりました。

私が前を通りすぎようとすると、その人は突然、こういいました。

「もし、ここで死んだら、つぎに石に座るのはあんただよ」

私にはなんのことかわからず、ただ気味が悪いので無視して足を速めました。

しばらく行くと、今度は若い男の人が石に座っています。

「ここで死ねば、きみも石に座ることになるよ」

さっきの中年の人とおなじようなことを、その人はいいました。

ますます気味が悪くなった私は、小走りで男の人の前を通りすぎました。

そして、どんどん歩いていくと、つぎには老人が、そのつぎには若い女性がおなじように石に座り、私を見るとおなじようにいうのです。

「死ねばあなたも石に座るんだよ……」

何度も何度もおなじ言葉を聞かされ、すっかり混乱してしまった私は、死のうとしていたことさえ忘れて、走りました。途中、何度も転びながら、それでも走りました。

そして、気がつくと、目の前に村の生活道路が見えたのです。

私は道の側にポツンと建つ喫茶店に飛びこみました。

お客さんはいなくて、マスターがひとりコーヒーをいれています。

気分が落ち着くと、今度は震えが止まらなくなり、山のなかで見たことを誰かに話してしまいたくなって、マスターに聞いてもらいました。

すると、意外なことにマスターは驚きもせず、「このあたりの人はみんな知ってるけどね」と前置きして、こんな話をしてくれたのです。

「ここで自殺した人は成仏せずに、森の番人みたいに石に座っているんだ。それで、自殺志願者に、死んだらこうなるよ、それでもいいなら死になさいっていってるんだよ」

死んでも終わりじゃない……？　それで楽になるわけじゃないんだ……。

私は、もう少しだけ頑張ってみようと考え直して、東京に戻りました。

幽霊やオカルトの類いは信じていませんでしたが、あの日以来、考え方は変わりました。そうでなければ、あの日見たものをどう解釈していいのかわかりません。

救急病院の姿なき介護人――山口留美子(三十九歳)

二度めの脳出血を起こして主人が倒れたのは、異常な暑さが連日つづいた去年の七月のことでした。もうすでに半身マヒの状態で、自宅から透析に通っていた主人に恐れていたことが起きてしまいました。

運びこまれた病院は、地元では救急病院として名の知れたところでしたが、入院するのは初めてです。この病院は増設を繰り返していて、主人の容態が落ち着いた一週間めになっても、付添をしている私は院内で迷子になってしまうことがしばしばありました。

主人は脳圧がコントロールできなくなり、髄液を出す手術を受け、回復に向かっていました。とはいっても、意識は混濁状態で、救急病棟の個室で治療を受けていました。

その日の夜、私は四階の病室を出るとエレベーターで一階に降りました。というのも、旧館にあるこの病棟はエアコンが効きすぎ、外気温の高い日中はまだしも、夜間になると身体が冷えきってしまうので、ときどき外に出て暖まる必要があったのです。一階でいつものように、救急病棟の出口のほうへ歩きはじめてすぐに、忘れ物に気がつきました。一服しようと思っていたタバコを病室の洗面台に置き忘れてきたのです。

取りに戻ろうと思って振り向くと、エレベーターの扉はまだ開いています。そこに正面の廊下から小走りにやってきた男の人が乗りこむのが見えました。私も慌ててエレベーターのところに戻ったのですが、目の前で扉は閉まってしまいました。

急いで上への矢印ボタンを押すと、二、三秒で扉が開きました。ああ、間に合ったと安堵したのもつかの間、私はその場に立ちすくんでしまいました。

たったいま、男の人が乗りこんだはずなのに……、エレベーターのなかには、誰もいなかったのです。

髪の毛が逆立つような感覚に襲われ、私はエレベーターから離れました。

納得できるような光景ではなかったのですが、主人の病室に戻らないわけにはいきません。さすがにエレベーターを使う気にはなれず、私は反対側にある階段を使って四階に戻りました。病室まではいつもと反対側から行くことになったので、名前のプレートを確認しながら歩きました。

救急病棟は、ある程度の処置のすんだ患者さんが専門病棟に移るまで一時的に入る病室なので、入れ替わりも激しく、夜間でも廊下には看護師さんや家族の姿が絶えることはありません。

そのときも、ワゴンを持った看護師さんが少し先の病室に入っていくのが見えました。そして、その後ろにいた男の人が、看護師さんが入っていった部屋の手前の部屋に入っていきました。その部屋は主人の病室の隣です。私は主人の病室に入る直前に、そっと隣の病室を覗いてみました。

ところが、そこには誰もいません。薄暗い病室のベッドには、真っ白なシーツがかけられていました。それを見たとき、さっきエレベーターのところで見た男の人の姿が突然甦り、ゾクゾクッと震えがきました。

主人の病室に戻ってみると、驚いたことに、主人は目を開けていました。手術後ほとんど眠っていた主人が、

「子供たちはどうだ？」

と静かに口を開くのを見て、私はうれしくなってしまい、子供たちの部活や勉強のこと、夏休みに入ったことなどを話してあげ、主人も安心したように頷いていました。

話しながらベッドの柵を見ると、点滴用の固定バンドが外されてぶらさがっています。

「お父さん、ずっと起きてたの？」

と聞いてみると、

「起きてたんじゃなくて、あの人に起こされて、眠れなかったんだよ」

と、私の左側を指さしながらいいます。

しかも、つづけて、

「あの人の名前、思い出せないんだよ」

と、いいます。

〈あの人……?〉

私は身震いしました。その病室には主人と私以外、誰もいないのですから……。

主人の顔をこれほど怖いと感じたことはありません。

その日以来、その男はいつも主人の右側にいるらしく、ときどき、思い出したように、その人の話をするのです。

経過がよく、一般病棟に移ってからも、おなじでした。

夕刻になって、私が、

「そろそろ帰るね」

と声をかけると、主人は、

「こいつも出かけるらしいぞ。いま着替えている」

などといいます。

あるときなど、主人の口もとがほころんでいるので、どうしたのか聞いてみると、

「ダンスを踊っているよ。バカだなあ」

などといいます。

やがて、そんな状況に少し慣れてきたころ、主人が男について、教えてくれました。年は三十代半ばで奥さんは愛知県に住んでいるらしいということや、主人とおなじでアルコールは飲めないそうです。

現在、主人は自宅に戻り、生活をできるようになりましたが、いまでも見えない誰かと会話をしているようです。

退院してきたつぎの日の朝には、

「あいつも俺とおなじで頭に傷があるんだよ。手も足も怪我をしている」

といいました。

主人にしか見えない誰かは、おそらく事故で頭部と手足に傷を負い、無念の死を遂げてしまった人なのでしょう。

入院中、かわるがわる付き添う私たち家族をうらやましく思って近づいてきたのではないかと思います。主人の病気から、看護に明け暮れる毎日ですが、家族の絆は深くなり、

主人のそばを離れずにいる、あのエレベーターの男をなぜか邪魔には感じないのです。

見守られる命――浜田優子(四十歳)

夫の両親がその祖父母とうまくいっていないことは、結婚前からなんとなく感じていました。財産のことや、ほかの兄弟との確執など、いろいろな問題があることも薄々わかっていました。でも、若い私たち夫婦に対しては、両親も祖父母も気持ちよく接してくれましたし、私には祖父母がいませんでしたから、お年寄りのやさしさに触れるたび、感謝の気持ちがあふれて、幸せな気持ちになったものでした。

とはいうものの、夫は転勤族で、各地を転々とし、お正月とお盆に夫の両親のもとに帰るのが精いっぱいで、祖父母の住む山奥の地までは、めったに行くことができません。それでも、長男が生まれたときには、夫の両親の家で開かれたお祝いの席に、祖父母も来てくれました。祖母は方言が強すぎて、なんといっているのかよくわからなかったのですが、

「ひ孫を見せてくれて、ありがとう」

と、私にお礼をいってくれたのだと思います。

そして、私に向かって拝むように手を合わせ、にっこり笑ってくれたのでした。

その後、ついに祖父母に会うことはありませんでした。夫の両親と祖父母との溝は決定的なものになり、私たちは両親から祖父母と連絡をとることを禁じられたのです。

五年後、私たち夫婦は次男にも恵まれ、幸せに暮らしていました。

長男が八歳、次男が三歳のときに、夫の転勤で移り住んだ土地は、どんこ舟で川下りができる観光地でした。

ある夏、子供会の行事で川下りをしました。日差しの強い暑い日でしたが、子供たちは楽しそうで、とくに三歳の次男は終始ニコニコしていました。

そして、川下りが終わり、船から降りたとき、次男はうれしそうに、こういったのです。

「おふねに、かみさまがのってたね」

「え？　神さま？」

「うん。しろいふくをきた、おばあちゃんのかみさま」

「……ふーん、そうなの」

私には彼の言葉の意味がわからず、あいまいに返事をすると、さらに、こういいました。

「かみさまは、ぼくとおにいちゃんに、ニコニコってわらったんだよ」

それから一カ月後のある晩、夫の親戚から電話がかかってきました。深刻な話しぶりに不安を感じていると、電話を切ったあと、夫は悲痛な面持ちでいいました。

「ばあちゃん、一カ月前に亡くなった……」

夫の両親は祖母の死を知っていて、私たちには連絡をしてくれなかったのです。夫はすぐに両親に電話をし、抗議していました。

そのとき、私は、あの川下りのときの次男の言葉を思い出していました。

「おふねに、かみさまがのってたね」

その後、祖母はやはり川下りの日に亡くなっていたことを知りました。

私たちは祖母のお葬式に出られなかったことを悔やみ、一年後のお盆にようやく夫の両親も連れて、祖母のお墓にお参りすることができました。

「おばあちゃん、知らなくてゴメンね。この子たちが、ひ孫ですよ。長男には赤ちゃんのとき、会いましたよね。こんなに大きくなりました。今日は次男も連れてきました。この子には初めて会うでしょ。ふたりとも、やさしい子です」

そういって、ふと横を見ると、長男がポロポロ涙を流して泣いています。そして、その隣では次男がお墓に向かってニコニコ笑っていました。

「おかあさん、ほら、かみさまがいるよ。おふねにのってたかみさまだよ。ほら、そこ」

私には何も見えませんでした。

でも、祖母はひ孫たちをいつも見守ってくれている……。そう感じずにはいられませんでした。

二十年前の捜索願い――小田敦樹（二十九歳）

十数年前のことです。

当時、中学生だった私は、所属していたバレー部の夏季合宿で、温泉で有名な町のあるホテルに宿泊しました。

到着後、支配人からホテルの非常口などの説明を受けました。非常口は各階廊下の突き当たりにあり、ガラス張りのドアには内鍵があります。外に出ると、らせん階段があって、下は空き地、そこが緊急の場合の集合場所でした。その空き地というのは以前は県道で、車も通行していたけれど、現在は閉鎖されて雑木林になっているので、迷ったりしないようにとのことでした。

主将だった私は、副主将のHといっしょに非常口の確認に行きました。非常口を開けると、錆びたらせん階段が見え、周囲は木々に覆われています。以前県道だったという話どおり、草のあいだにアスファルトが見え隠れしていました。

こんなところが避難場所かと半ばあきれながら、ふと見ると、らせん階段になぜか子供の靴が片方だけひっかかっています。

雨が降ると濡れそうなので、その靴を非常口の内側に置きながら、

「おい、H。こんなところに靴が……」

と振り向くと、Hはしゃがみこんで両耳を塞ぎ、まばたきもせず一点を見つめています。

「……女の人と、子供の声が聞こえる……！」

「やめてくれー！」

霊感があるというHの言葉を、私は思わずさえぎりました。

その夜、やはり気になっていたのか、私もHもなかなか眠れず、部屋でボクシング放送を見ていました。するとその音が漏れたのか、バレー部の顧問が鬼のような顔をのぞかせ、私たちふたりは廊下に正座させられる羽目になってしまったのです。

しんと静まり返った廊下に座らされたまま、二十分経っても三十分経っても顧問が来る気配はありませんでした。

昼間の練習の疲れが出て、睡魔に襲われた私たちは、コックリコックリしはじめました。

そのとき、目の前をスッとかすかな光が横切ったような気がしました。私が目を開けると、

Hも目を開けて、おなじ方向……非常口のほうを見ています。光はたしかにそちらに向かったのでした。

暗闇のなかに非常口の緑の明かりだけがかすかに点灯しています。

しばらくボーッと非常口を見たあと、私たちがまた眠気を感じはじめたころ、また光が目の前を横切りました、今度は先ほどと違ってもっと強い光です。

初めは夢だと思ったのですが、光はつづけてスースーッと五、六回、流れました。

Hにも見えただろうかと、隣に目をやると、Hは非常口に向かったまま、何かつぶやいています。何をいっているのか、ブツブツと繰り返すので、耳を澄ませると、

「ありがとう……ありがとう……」

という声が聞こえました。

おそるおそる身を乗り出して、Hの目線の先に目を凝らしてみると、そこには女の人と男の子が手をつないでボーッと立っていたのです。女の人は黒髪で白いブラウスに茶色のロングスカートをはいています。男の子は白いトレーナーに黒い半ズボン。青白い顔をしたふたりが、じーっと見ていました。

そして次の瞬間、ものすごい速さで、こちらに近づいてきたのです。

恐怖のあまり声も出ず、固まっていると、ふたりは私の前に立ち、何かつぶやいたあと、

非常口のドアには手もかけず、すり抜けるように外に出てしまいました。

やっと動けるようになって部屋に逃げこもうとすると、「バタン」と音がして、隣でHが倒れていました。

Hにかまっていられず、部屋に転がりこみ、恐ろしさに震えながら布団に潜っていると、ドアの開く音がして、「おまえ、顧問が来る前に勝手に戻るなよ」といいながら、Hが入ってきました。

それから一睡もせず朝を迎えた私たちは、支配人のところに行って、夜の出来事を話しました。すると、支配人は顔色を変えて部屋の奥に入り、ガサガサと何かを探して戻ってきました。彼が手にしていたのは、一枚の捜索願い。

女性と男の子……。失踪時の服装は、夜中に私が見たふたりそのものでした。

「この人たちです、夜中に僕たちが見たのは……！」

「この捜索願いは二十年も前のものなんです。当時幼稚園のお迎えから帰ってこない母子を探すためのものだったんです。彼らが見つかったのは、それから半年経ってからなのですが……なんともいたましい……」

支配人の話によると、ふたりはひき逃げにあったのだそうです。男の子の靴が溝にはまって脱げてしまったので、それを取ろうとしゃがみこんだところに走ってきた車に撥ねられたのです。焦った運転手は即死状態の母子を道路脇の雑木林に隠したのですが、自責の念にさいなまれて、半年後に自首してきたそうです。

靴が脱げた……？　男の子の靴……？

私はふと思い出して非常口に向かって走りました。昨日らせん階段で見かけて、なかに入れておいた靴は……なくなっていました。

Hくんがいっていた「ありがとう」という言葉は、靴が見つかったので、ふたりがHの身体を借りていいにきたのではないか。そう思いました。

いま思うと、あのとき、ふたりは柔和な顔をしていたような気がします。

第四章　冥界につながるミステリー・スポット

廃墟に残る恐怖のカルテ——伊藤朝美(三十四歳)

これは、友人の美紗子から聞いた話です。

美紗子が暮らす神戸の郊外には、数年前につぶれた病院がありました。近くに住む人なら誰でも知っている病院なので、ここでは仮に「中央病院」としておきます。

病院が廃墟となると、決まって若い人のあいだで「死んだ患者の霊を見た」とか、「窓際に白い顔をした看護師が立っていた」といった恐怖話が広まるものですが、中央病院も例に漏れず、地元では有名な肝試しスポットになっていたそうです。

平成十六年の夏、美紗子も誘われるまま、仲間数人と連れ立って中央病院へ肝試しに出かけたといいます。もちろん、美紗子は霊の存在など信じていなかったので、ちょっとした遊び心で行ったのですが、いざ現場に行ってみると、そのあまりにもおぞましい雰囲気に圧倒され、怖くなって、敷地のなかに入ることさえためらわれました。

「やっぱり、帰ろうよ」

誰からともなく、そういいはじめ、肝試しは中止ということで話はまとまりかけました。

しかし仲間のなかの浩史が、

「怖いことあれへん。何なら、おれひとりで行ってもええで」

彼もまた、霊や不思議な現象などいっさい信じないタイプでした。

「ビビるんやったら、最初から来なかったらええんや。情けないなあ」

あざ笑うようにいうその一言で、美紗子を含めたみんなが、なんだかバカにされたような気分になったといいます。

あまりにも強気な発言に、それならばと、

「じゃあ、何か証拠になるもの、持ってきて」

と、浩史に条件を突きつけて、病院のなかに入るようにみんなは勧めました。

病院のいちばん奥まった場所には院長の部屋があり、そこにはカルテの入ったロッカーが放置されているという噂がありました。

「そこのカルテを取ってくること」

ひとりで病院のなかに入るといった浩史に、みんなは課題を与えて、送り出しました。

「カルテでもホルマリン漬けの標本でも、なんでも持ってきてやる」

浩史はそう言い残して歩きはじめました。

薄い雲のかかる月明かりだけの暗闇のなかに、浩史の持つ懐中電灯の光は吸いこまれるように消えていきます。

懐中電灯の丸い光の輪の部分だけにポッと浮かび上がる、朽ち果てた病院……。

ときおり、思い出したようにセミが「ジジッ」と鳴くだけで、すぐに深い静寂が広がります。

浩史を待っていた時間は実際にはわずか十五分くらいだったらしいのですが、とてつもなく長く感じられたそうです。

「ジャリジャリ……」

やがて、割れたガラスを踏むような音といっしょに、浩史は平然と戻ってきました。手に持った一束のカルテを得意そうに掲げながら……。

待っていた仲間たちは、さすがに彼の勇気を認めないわけにはいきませんでした。誰もが尻込みするなかを堂々と恐怖に打ち勝ったのですから、まるで英雄です。その夜は、それで解散になりました。

しかし、不思議な出来事はその一時間後から始まっていたのでした。深夜三時、家に帰り着いた、カルテを持った浩史を襲った不気味な出来事……。

翌日、地元で開かれた恒例の花火大会に、肝試しのメンバーが集まることになっていましたが、待ち合わせ場所に現われた昨日の英雄は、ひどく不機嫌でした。

「誰や！　昨日の夜、おれのところに一晩じゅう、イタ電したのは」

いったい何のことかと、みんながきょとんとしていると、

「とぼけるなって。いいかげんにしろよ」

浩史は本当に怒っていました。話していくうちに怒りはさらに高まっていったそうです。

「見えすいてるで。あんなつまらん脅しして」

浩史の怒りが増していくのに比例して、みんなの頭のなかには疑問符がどんどん膨れ上がっていきました。

「何いってるのか、わからへん。ちゃんと説明して」

わけのわからないことを一方的にいわれつづけることに我慢できなくなった美紗子の言葉に、浩史はゆっくりと事情を説明しはじめました。

肝試しから帰って、眠ろうとしたとき、彼の携帯電話が鳴り、出てみると、女性がこう告げたというのです。

「もしもし、中央病院ですが……、カルテを返してもらわないと……困ります……」

仲間のいたずらだと思った浩史は、笑いながら「誰や？」と余裕で対応したといいます。

「カルテを……返してもらわないと困ります」

「何、いうてるんや？　いい加減に寝さしてくれ」

「カルテを……返してもらわないと困ります」

「わかった！　あっ、美紗子か？」

いっしょに行ったメンバーのなかの女性の名前をひとりずつあげていったのですが、電話の向こうの女性はおなじ言葉を繰り返すだけでした。

「カルテを……返してもらわないと困ります」

あまりのしつこさに、浩史は半ばあきれて電話を切ったそうです。しかし、またすぐに携帯が鳴りました。

「カルテを……返してもらわないと困ります」

電話を切ると、すぐに鳴りはじめる着メロ……。そして繰り返される言葉……。

「カルテを……返してもらわないと困ります」

ついに浩史は携帯の電源をオフにしました。

彼の話を聞き終えると、メンバーの女性はみんな、身の潔白を証明しはじめました。そして、思ったのです。

……じゃあ、浩史に電話したのは、いったい誰？

カルテを持ってきたことを知っているのは、ここにいるメンバー以外にはいません。きっと誰かが嘘をついている……。みんなそう思いたかった。だから、おたがいに顔色を窺いました。しかし、誰もが「私じゃない」と首を振りました。

打ち上がる花火の光に照らし出された浩史の表情は、珍しく怯えているように見えました。死者の霊を慰めるために始まったという説もある花火大会自体が、もう楽しめるものではなくなってきていました。

もし、あの電話が中央病院で亡くなった人からのものだったとしたら……。

霊の存在などはもとから信じていなかった美紗子も、今回ばかりは、身体の血が逆流するような気がしました。

さらにその恐怖は、浩史の交通事故でピークに達しました。

肝試しから三日後、彼はバイクに乗っていて転倒、反対車線に投げ出された直後に対向車に撥ねられて亡くなってしまったのです。即死に近い悲惨な最期でした。

「……祟《たた》りかもしれへん……」

お通夜の席で、誰からともなくこんな言葉が出てきました。

浩史の冥福を祈る気持ちと、もしかしたら自分たちにも災いが及ぶかもしれないという気持ちから、美紗子たちは彼が持ち出したカルテの返却を決めました。

そこで、浩史のご両親に断りを入れ、彼の部屋で持ち帰ったはずのカルテを探したのですが、どうしたことか、どこにも見あたりませんでした。念のため、ご両親にも聞いてみましたが、やはり知らないということでした。

ほんの出来心で行ってしまった肝試し……。

それが浩史の命を奪った原因だとしたら……、そう考えるだけで、みんなの気持ちはどんどんふさいでいきました。もしあのとき、彼を煽《あお》るようなことをしなければと、後悔してもしきれません。

せめてもの供養にと、話し合った結果、あの病院に行って線香をあげようということになりました。自分たちだけでは不安だったので、浩史の葬儀を執り行なってくれた僧侶にも同行してもらうことにしました。

さすがに、今度は陽の高い昼間の時間に向かいます。

昼でも病院は、そこだけ冷たい空気に包まれているようです。雑草をかきわけ、初めて足を踏み入れた病院は、とてもひとりでは入れるような雰囲気ではありませんでした。

病院の入り口まで来たとき、美紗子は玄関ホールに何か白いものが落ちていることに気づきました。まわりのすべてのものが古びた感じを与えているなかで、真っ白なそれは、まるで美紗子たちを誘ってでもいるかのようにホールの真ん中にあります。

ガラスの破片を踏みながら、白いものに近づいて、拾い上げてみると、それは……カルテでした。

「浩史、返しに来たんか？」

誰かがそういいました。
しかし、浩史が持ち出したカルテは束であったのに、それはたった一枚、しかも、真新しい感じです。
覗きこんだ美紗子たちの顔から見る見る血の気が引いていきました。
氏名　森川　浩史
診断　死因　頭骸骨骨折　内臓破裂
そのカルテは……死んだ浩史のものだったのです。

夕暮れの校舎にたたずむ少女——神野琴葉(十八歳)

私の幼なじみの彩香ちゃんが小学生のときに体験した話です。

彩香ちゃんは元気で明るいし、性格もいい子なんですけど、たったひとつ欠点がありました。それは、忘れ物が多いこと。学校に持ってこなければならないものも忘れるし、家に持って帰らなければならないものも、学校に忘れてしまうんです。

でも、本人はそんなことあまり気にしていないようでした。だから、放課後に、よく学校に忘れ物を取りに行っていたようです。

その日も彩香ちゃんは宿題のプリントを学校に忘れてしまって、取りに行きました。もう日は暮れていましたが、別に怖くはなかったみたいです。

正門脇の通用口からインターホンを鳴らして門を開けてもらうと、校庭を横切って教室に走りました。教室は新しい校舎の四階です。

校舎に入って靴を脱ごうとしたら、靴箱の横で何か黒いものが動きました。ちょっと驚きましたが、彩香ちゃんは勇気のある子なので、「誰？」とすぐに声をかけたそうです。

でも、何の返事もありません。

彩香ちゃんは、一歩二歩と近づいていきました。

するとそこには、女の子がひとり、ポツンと立っていたそうです。同い年くらいの子ですが、うつむいているので、暗がりのなかではっきり顔が見えません。

「誰？」

もう一度、聞きました。

すると、

「なみ……」

聞こえないくらいの小さな小さな声で、そう答えたそうです。

「何しに来たの？」

「忘れ物……」

その声もとても小さくて、やっと聞こえるくらいでした。

彩香ちゃんは「ふうん」といって、そのまま、その子をおいて教室に走り、忘れ物のプリントを持つと、もと来た道を帰っていったのですが、そのとき、もうなみちゃんの姿はありませんでした。

帰り道、なみちゃんの顔を一生懸命思い出そうとしましたが、あまりはっきりわかりません。見慣れない顔で、自分のクラスの子ではないことははっきりしています。もしかしたら、別のクラスか、下級生かもしれない、そう思って、彩香ちゃんはなみちゃんのことはすっかり忘れてしまいました。

けれども、何日か経ったある日のこと。

彩香ちゃんはまた学校に忘れ物をして、取りに行くことになりました。

すると、校舎の入り口に、また人影が……。

「……なみちゃん？」

彩香ちゃんが声をかけると、女の子が小さくうなずきました。

「また、忘れ物？」

「……うん」

「じゃあ、いっしょに取りに行こう！」

彩香ちゃんが誘って、ふたりはいっしょに廊下を歩き、階段を上がりはじめました。

階段を「とんとん」と上がるふたりの足音が校舎のなかに響きます。

「……怒られる……忘れ物」

なみちゃんが泣きそうな声でつぶやきました。

「大丈夫、大丈夫。いま持って帰れば、怒られないよ」

彩香ちゃんは元気づけるようにいいました。

一階から二階、二階から三階……ふたりは並んで階段を上がっていきました。そのあいだ、なみちゃんはときどき本当に悲しそうに「……怒られる……忘れ物」と、つぶやいていたそうです。

そして、三階から四階に向かう階段の踊り場でも、「……怒られる……忘れ物」と、なみちゃんがいうので、彩香ちゃんは笑いながら「大丈夫だよ」といって横を向きました。

ところが……。

そこには誰もいなかったのです。そして、それなのに、

「……怒られる……忘れ物」

という声だけが聞こえてきます。

「……なみ……ちゃん」

彩香ちゃんは震えながらあたりを見渡しました。

「……怒られる……忘れ物」

声だけが聞こえてきます。

彩香ちゃんは、階段を転がるように駆け降りると、そのまま家に全速力で走りました。

翌日、彩香ちゃんは学校の友達から「なみちゃん」の話を聞かされました。昔、忘れ物を取りに学校に行った子が階段から落ちて死んだのだそうです。そのとき、ずっと「……怒られる……忘れ物」といっていたのだという話です。死んだ場所は前の校舎の三階から四階へ行く途中の踊り場……。

だから、いまでも忘れ物を取りに来るそうです……なみちゃんが……。

私の身体を返して!——藤本幸子(二十八歳)

「幸子、ちょっと顔色悪いよ」

授業が終わり、友達とテストのために必要な資料を買いに行った帰りのこと、突然そんなふうにいわれました。

高校に入学して初めてのテストを前にしていたそのころ、ときどき自分でも調子が悪いなと思う日がありました。その日も学校では元気だったのに、帰るころになって目が回るような、身体が重くなるような感じが出てきたのです。

帰宅するとすぐに洗面所に行き、手と顔を洗い、ふっと前を見たのですが、鏡を見て凍りつきました。映っていないのです。私の顔が……。

「どうかしたの？」

母の声が聞こえましたが、私はふらふらと自分の部屋に行き、ベッドに潜りこみました。いつまで眠っていたのかわかりませんが、異様な感じがして目を覚ましました。すると、白い靄《もや》のようなものが私の身体を覆い、触っているのです。

「なんなの！　助けて！」

私は部屋を飛び出しました。

この出来事は、ほんのワンステップにしかすぎませんでした。本当の恐怖は、ここから始まったのです。

テストも終わり、翌日から初めてバイトに行くという日のことです。

「幸子、また顔色がよくないけど、いったいどうしたの?」

ふたたび友達にいわれてしまいました。

でも、このときは気にもとめませんでした。いずれよくなると軽く考えていたのです。

その夜のことです。トイレに起きた私が、自分の部屋に戻ってくると……。

目の前に「自分が寝ている」のです。私はドアの前に立ち尽くしたまま、ベッドに横たわる自分の姿を見ていました。

すると、突然、ベッドの上の私の身体が動きました。男か女かわからない何者かが、私の身体をベッドの下に引きずりこもうとしているのです。

〈ダメ! 私の身体を返して!〉

強くそう思った瞬間、意識がなくなり、気がつくと私はベッドの上で寝ていました。

その日はバイトの初日でした。

時計を見ると、午前八時半です。昨夜の奇妙な出来事のせいか、身体が重かったのですが……。九時半には出なくてはならなかったので、支度を急ごうと起き上がろうとしたそのとき、いきなり「バターン!」と大きな音がして部屋のドアが開閉したのです。たったひとつの窓は閉まっているので、風のいたずらなどではありません。明らかに何かの力が加わったような大きな音でした。

そしてつぎの瞬間、冷たい風が私の身体を直撃したかと思うと、何者かの強い力が私の身体をベッドのなかに引きずりこもうとしました。入るスペースなどないベッドのなかにあっという間に身体の半分が飲みこまれました。

「やめて！　やめて！」

長い時間、もがきつづけ、やっと逃れられました。そして、時計に目をやると、まだ八時半だったのです。

その日からというもの、ひとりで寝るのが怖くなった私は、姉の部屋に同居させてもらうようになりました。

その姉といっしょに母方の伯母に遊びに連れていってもらったのは、その年の立秋のころです。私はいろいろなものから解放されたくて、連れていってもらえるならどこでもよかったのですが、伯母はある町のお城に連れていってくれました。

「このお城、異常に赤いね」

それが私の第一印象でした。ところが、それだけではなかったのです。

城を見上げていた私は「幸子！　幸子！　どうしたの？　大丈夫？」と、姉に揺すぶられて正気に戻りました。姉がいうには私の身体が突然、硬直したように動かなくなったということですが、私も、自分で動けない、しゃべれない状態に一瞬なってしまったことはわかっていました。

姉に促されて、もう帰ろうというとき、私は何気なく、もう一度城を見上げました。そこで見てしまったのです。

武士の姿を……。

「もう、帰ろうか」

伯母さんの声が、救ってくれました。何も見なかったように武士から視線を外した私は、伯母さんの運転する車の後部座席に乗りこみました。

そして帰り道、やめようと思いつつ、もう一度城を見上げ、息を飲みました。

そこには何人もの武士がいて、じっと私を見下ろしていたのです。

そして、その夜……。

帰宅途中からゾクゾクと寒けがすると思ったら、私は高熱を出してしまいました。解熱剤を飲み、額を冷やしながら、朦朧《もうろう》とした意識のなかで、とろとろと眠っていました。

すると、どこからともなく声が聞こえてきます、初めは何をいっているのか聞き取れなかったのですが、やがてはっきりと聞き取れるようになりました。

「……首……首を……返せ。俺の首はどこだ……?」

何人もの声です。いいえ、声だけではありません。「カシャ……カシャ……」と甲冑を鳴らすような音も響きます。

目を開けると、何人もの武士が部屋の四つの角から現われたのでした。

「この……首だ……。ここにあった……」

急に耳もとで声がしたかと思うと、私めがけて刀が振り下ろされました。

「やめて！　やめて！」

叫んだところまでは覚えていますが、その後どうなったのか、気がつくと朝でした。

それからは何も起こっていませんが、あの武士たちは私に何を伝えたかったのでしょうか。

このお札、絶対に見ないでください――安井和郎（二十六歳）

僕が中学三年生のときのことです。

これから冬になろうとするその季節には珍しく暖かい日のつづいた十一月、京都・奈良への修学旅行に行きました。

〈この旅行で出会いがあるかも……〉などと、淡い期待を抱いてバスに乗りこんだのを覚えています。それがまさか、あんなことが起こるなんて……。

それは旅行二日めのホテルでのことです。

修学旅行というと、どこでも大部屋に十人くらいがいっしょに泊まるものだと思いますが、僕たちもその例に漏れず、十一人がおなじ部屋に泊まることになっていました。

夕食はすでにすませて到着したので、お風呂の順番が来るまで部屋で待機していました。誰かが持ってきたトランプで遊ぶ者や、二、三人で女の子の部屋に行く者や、みんな思い思いに過ごしていました。

僕は携帯オセロで友達と対戦です。

夢中になっていると、床の間のほうから友達のひとりが「おい、これ見ろよ」と大きな声をあげました。

張り紙を見つけたようです。古びた掛け軸の隣に、これまた古い名刺大の張り紙がありました。どのくらい経っているのかわかりませんが、日焼けして茶色になっています。友達が興味を引かれたのは、その張り紙に書かれた言葉でした。

『この掛け軸の裏にはお札があります。絶対に見ないでください』

何人かが覗きこむと、

「見てみようぜ」

という者がいました。

ひとりでは絶対に見ないと思いますが、男子が十一人。一言で見ることに決定です。誰が掛け軸をめくるか、ということでは少しもめましたが、公平にジャンケンです。

ジャンケンに負けたのは……僕でした。

「ちょっとめくるだけだぞ」

そーっと掛け軸を下から持ち上げていったそのとき……。

「う……目、痛てぇ」

友達のひとりが突然、目を押さえてうずくまりました。友達の目を見ると、さっきまでなんともなかったのに、左目が真っ赤に充血していました。驚いて先生を呼び、友達は救急車で病院へと運ばれていきました。

この騒ぎで、掛け軸のお札を見るのは中止です。

「おい……、祟《たた》りじゃないよな」

騒ぎはすぐにクラスじゅうに広まり、僕たちの部屋には大勢が集まってきました。しかし、誰ひとりとして掛け軸をめくってみようとする者はいませんでした。

その夜、病院に運ばれた友達は左目に眼帯をつけて帰ってきました。医者にも原因はよくわからないらしく、「埃が入ったのではないか」ということでした。

消灯まで枕投げ、消灯後は「恋の話」と盛り上がっていたのですが、先生の一喝《いっかつ》でみんな寝ることになりました。寝る場所もジャンケンです。今度は二番めに勝った僕は、掛け軸からなるべく遠い場所を選びました。

みんな驚くほどおとなしく、布団に潜りこみました。あたりが静まり、寝息やいびきが聞こえはじめると、僕の目はどんどん冴えていき、どうしても眠れません。

「……誰か、起きてる？」

ささやくような声で呼びかけてみました。すると、遠くのほうから、

「俺……起きてるよ」

というかすかな返事……。掛け軸にいちばん近い場所にいる友達です。

僕とその友達はなんだかこの部屋にいたくないと話し合い、ほかの男子部屋に行こうと、廊下に出ました。

「隣に行ってみるか？」

そういって振り返った僕は、その場で凍りつきました。

たったいままでそこいたはずの友達の気配がないのです。消灯後の部屋は暗かったのですが、たしかに友達の気配も感じ、声も聞き、いっしょに部屋を出たはずです。

その場にいるのが怖くなった僕は、隣の部屋に逃げこみました。その部屋も真っ暗です。

「誰か……起きてる？」

返事はありません。

しばらく、ようすを窺っていましたが、目を覚ます者もいないようなので、僕は諦めて自分の部屋に戻ろうとしました。

と、そのときです。

「……カシャ……カシャ」

壁越しに奇妙な音が聞こえてきました。

考えてみれば、僕が逃げこんだ部屋は、あの掛け軸と壁を挟《はさ》んだ反対側にあったのです。恐怖心と好奇心が混ざり合って、心臓がドクンドクンと音をたてました。

廊下に出て、自分の部屋に向かうと、襖は出てきたときのまま開いています。そっと覗きこんだ僕の全身の血がサーッと音をたててひくのがわかりました。目の前の光景が理解できません。

真っ暗な闇のなかに光る掛け軸……。

その後ろから出てくる、落ち武者……。ひとり……ふたり……。

「……カシャ……カシャ」

歩くたびに、鎧の擦れる音が響きます。

三人の落ち武者が出てくると、掛け軸にいちばん近いところに寝ている友達の枕元で止まりました。さっき僕と話したはずの友達です。

いやな予感がする……。そう思うのですが、足が動きません。

「シャキッ……」

青白い刀の光が、落ち武者の姿を照らすように光りました。額がぱっくり割れ、鎧を血で染めた姿を……。

恐怖のあまり僕が息を呑んだ瞬間、

「ザクッ」

友達の顔をめがけて、刀が振り下ろされました。

「……う……うわ……」

声を出すこともできませんでした。

「……カシャ……カシャ」

鎧の音をさせながら、枕元を歩く三人の落ち武者は、つぎの友達のところに行くと、ふたたび「ザクッ」と、聞いたこともないようなおぞましい音をたてて刀を振り下ろしました。つぎつぎと刀が振り下ろされ、ついに僕が寝ていた布団のところまで来ました。

「……カシャ……カシャ」

落ち武者は何かを探しているように、歩きまわります。僕にはわかっていました。僕を探しているのだと……。けれども、どうしても足が動きません。

襖の前に立ち尽くす僕のほうに、ゆっくりと鎧が向かってきました。

「く……来るな！」

震える唇からは、かすれたような声が漏れるだけでした。

「……カシャ……カシャ」

僕との距離はもう二メートルほどしかありません。落ち武者は刀を振り上げました。

「……死ぬ……」

かぶとのなかのぱっくりと割れた額を見ながら、僕は意識を失っていきました。

……気がつくと朝になっていました。

昨夜のことを友達に話しましたが、信じる者などありません。夜中に僕と話した友達さえ、何も覚えていないといいます。

「じゃあ、確かめてみようよ」

もうホテルを出発するという時間になって、誰かがそう提案すると、すぐに掛け軸をめくりに行きました。

「…………！」

そこにいた者はみんな、言葉を失いました。

昨日見たときになかったものが、そこにあったのです。黒ずみ、何年も前のものだと一目でわかるような手形……。おそらく、血の手形です。

修学旅行から戻ったあと、全員ではありませんが、何人かが原因不明の目の痛みに襲われたことと、あの掛け軸とのあいだに関係があるかどうか。いまとなってはわかりません。

水まわりには霊がつく——井藤美恵子(二十三歳)

私は昔からダムが大好きで、「変な子供だった」と親も苦笑します。自分でもなぜダムに魅力を感じるのか、いまでもわかりません。

北陸にあるKダムは貯水量が多いことで有名で、二百メートル以上の高さから水が落ちていく様は迫力を通りこして、鳥肌が立つほどです。下を覗きこむと、背筋が凍り、誰でも腰が引けてしまいます。私はこの巨大な素晴らしいダムが大好きでした。ただ、その巨大さのために「確実に死ねる」ことから、自殺者が後を絶たないのも事実です。

Kダムには小学生のときに家族と一回、大学生のときに友人と一回、行きました。

そして昨年の夏、社会人となり、仕事に疲れ、人間関係に悩んだ私は、ふたたびそこを訪れたのです。現実逃避したかったのかもしれません。場所はどこでもよかったのですが、なぜかKダムに行かなければならないような気がして……。

夕刻、Kダムに着くと、観光客はもう宿に向かう足取りでした。夏とはいえ、日が暮れると峡谷からの風が冷たく感じられ、不気味な雰囲気さえありました。

普通の精神状態なら、こんなところにひとりで行こうとは思わないのでしょうが、そのときの私は、どうなってもいい、もう現実は見たくないという気持ちしかありませんでした。そんな思いが、私をアーチ型のダムの上の道へと向かわせました。

あたりにはもう誰もいません。

ダムの水門の真上まで来たところで、私は手すりから身を乗り出すようにして下を覗きこみました。水の落ちる激しさを見たかったのです。

ところが、つぎの瞬間、

「ドン！」

と、思いきり背中を突き飛ばされました。

〈落ちる！〉

そう思って、とっさに身をよじって手すりをつかみました。間一髪、私は手すりの脇に倒れこみました。顔を上げると、私を突き落とそうとした髪の長い女が平然と去っていく姿が目に入りました。

私は急いで立ち上がると、水門の管理人のいる棟に駆けこみました。すると、管理人のおじさんもようすを見ていたのか、慌てたようすで出てきたところでした。

「いま、女の人に押されて……」

と、話したのですが、管理人さんは怪訝《けげん》そうな表情で首を横に振りました。

「ひとりで水門の上に行ったので、気になったから、ずっと見ていたけど、あんたひとりだったよ。まわりには誰もいなかった」

というのです。

そんなバカなこと……。私はたしかに背中を突き飛ばされ、そこから去っていく女の人も見たのに……。

管理人のおじさんはいいました。

「ここには悩みを抱えた人がよく来てね。別に自殺しようとしてるわけじゃないのに、なぜか飛びこんじゃうんだよ。このあいだも、あんたとおなじように『誰かに押された』っていう人がいて、その人も悩みはあったらしいけど、死ぬつもりで来たわけじゃないって。ダムに落ちたら発見されないほうが多いからねえ……。自殺者の霊に呼ばれて、飛びこんでしまった人たちの怨念があるのかもしれないね……」

その話に背筋が凍りました。悩みを抱えると、人間は現実逃避したくなるものです。霊たちにとっては、そんな不安定な精神状態の人間は、格好の餌食《えじき》なのかもしれません。よく、水まわりには霊がつくと聞きますが、それはお盆にかぎらず、いつでも現実から逃避させてくれる場所へとつながっているからなのでしょう。

異界に止まるエレベーター――塚本さくら（三十三歳）

いま思い出しても、どうにも説明のつかない奇妙な出来事に出会ったのは、私が高校生のころのことでした。

当時、私が通っていた高校は東京都と埼玉県の県境にあって、東京郊外の自宅から一時間半もかかる片田舎の牛舎や鶏舎が周囲にあるようなところでした。茶畑が広がり、環境的にはよかったのですが、そんなところなので、私の高校生活はとても地味なものでした。

それでも、ときおり、お小遣いに余裕があるときには、下校時の電車で少し遠回りをして、遊んで帰りました。東京都下T市のターミナル駅周辺は、都下では有数の繁華街。ちょうどそのころ、大規模な再開発が始められていました。その駅ビルやデパート、書店などに寄り道するのが、ささやかな楽しみだったのです。

その日も、私は彼といっしょにT駅に立ち寄りました。彼はレコード店に行きたいということでした。彼のお気に入りのショップは、この界隈《かいわい》でいちばん古いDデパートの三階にあります。客の数も少ない地味な店ですが、品ぞろえがマニアックでいいのだそうです。

Dデパートは立地のよさに比べて、作りは古くて時代遅れだし、入っている店舗も、いわゆる流行から外れたものばかり。いってみれば、おばちゃん好みの店が多いのですが、落ち着いた雰囲気は嫌いではありませんでした。

時刻は午後四時ごろだったと思います。

その日、私は少し疲れていたので、いつも使うエスカレーターではなく、正面のエレベーターに向かいました。古びた扉の前には、私たちふたりしかいませんでした。

なにしろ、デパート全体がすいているので、エレベーターはすぐに来ました。

誰もいない箱に乗りこんだものの、いつもエスカレーターで確認をしながら上がっていたので、お目当てのレコード店が何階にあったのか、とっさに思い出せません。

「二階が書店とスポーツ店だから、たしか三階じゃなかった?」

ふたりとも、はっきりしないまま、とりあえず三階のボタンを押しました。

薄暗いエレベーターは迷っているかのように、しばらく間をおいてから、のろのろと上昇を始めました。あまり使ったことのないエレベーターは奇妙に長い沈黙のあと、ガクンと揺れて停止しました。二、三秒かかって、ドアがゆっくり開きます。

「あれ？　改装したのかしら？」

目の前の光景に、私は思わずそういいました。

エレベーターを降りてみると、そこは安っぽいスーパーマーケットのようで、レコード店など見当たりません。そればかりか、お客の姿がひとりも見えないのです。

「やっぱり二階だったんだよ。降りよう」

振り向くと、エレベーターはもう閉まっていて、待つのも面倒なので、今度は階段で降りることにしました。

このデパートはエレベーターと並んで階段、その隣にエスカレーターがあるはずでした。ところが、そこには階段もエスカレーターもありません。私たちは迷いこむようにフロアのなかを歩きはじめました。

やがて、エレベーターのちょうど反対側の端に、やっと階段を見つけました。

階段のそばまで行ってみると、驚いたことに階段は上につづいているものの、降りるほうがないのです。もう一度フロアを見渡し、別の階段を探しましたが、見つかりません。

「上、行ってみようか。とりあえず」

「そうだね。エレベーターの故障かなんかで、フロア間違えたかもしれないし」

そういいながら、踊り場の表示を見ると、たしかに4／3となっています。

少しばかり、声が震えるような気がしました。でも、彼とふたりだったので、私たちは階段を上に進むことにしたのです。

つぎのフロア……。そこは真っ暗でした。がらんとしていて、人っ子ひとりいないし、使われているような気配もありません。改装中という感じでもありません。私たちは追い立てられるように、さらに二フロア上がりましたが、いずれもおなじでした。

さすがにおかしいと感じはじめ、私たちは急ぎ足で元の階に戻りました。

エレベーターが間違って地下に来てしまったのだとしたら、上の階がどこまでも無人のはずはありません。地下でないとしたら、下に降りる階段がないのはどうしてなのか……。

いったいここは何階……？

もしひとりでそんな空間にいたら、完全にパニック状態に陥っていたでしょうが、ふたりいっしょだったので、この異常な状況のなかでも比較的落ち着いていられました。私たちは単純に困っていました。

「しょうがない。エレベーターに戻ろう。いったん一階に行って、エスカレーターで探せばいいのよ」

「そうしようか。どういうことなんだろうね、いったい」

私たちはふたたび誰もいないフロアを歩き、エレベーターに乗りこむと、一階のボタンを押しました。そして、ドアが開かれると、そこには見慣れた風景が広がっていました。

ほっとしてエスカレーターを使い、二階に行くと、以前とまったくおなじように書店とスポーツ店があり、三階にはちゃんとレコード店がありました。

そのようすを確認してから、私たちは呆然と顔を見合わせました。改装などどこも行なわれていないし、何ひとつ変わったところはない……。

では、いったい私たちはどこに行っていたのでしょうか。

ふたりでエスカレーターを使い、デパートじゅうを探しましたが、あのおかしな階は見つかりませんでした。エレベーターに乗っても結果はおなじでした。

その後も私たちはたびたびあのデパートに行きましたが、あのフロアに迷いこむことは二度とありませんでした。

もしかしたら、これから先、出会うことがあるのかもしれません。古い場所や建物は、ときおり不思議な白昼夢を見せてくれるのかもしれないと思うのです。

民宿の仏壇に飾られた写真

——竹下智美(三十五歳)

主人の体験談をお話しします。

彼は静岡の港のすぐそばで生まれ育ち、その土地を出たこともないような田舎の高校生でした。初めて友達といっしょにそこを出たのは、高校を卒業した直後のことでした。仲良しの四人組が、卒業後はそれぞれの道を歩むことになったので、最後の思い出に自転車で伊豆に行こうということになったのです。

リュックに荷物をつめ、出発したものの、どのくらいかかるのかもよくわかっていませんでした。ですから、泊まるところにしても行き当たりばったりという感じで、夕方、着いた場所で探すことにしました。

天気もよく、ハイテンションで自転車を走らせた四人は修禅寺温泉に着き、安い宿を見つけて泊まりました。落ち着いた宿といいたいのですが、どちらかというと古くて暗い感じのする旅館でした。

そこには彼らの母親より少し若いくらいのおかみさんと二、三人の仲居さん、そして、だんなさんらしい男の人がいました。奥の部屋からは走りまわったり、笑ったりしている音や声も聞こえていたので、子供もふたりか三人いるようでした。ですから、旅館というより、民宿に近かったかもしれません。

夜になって、ほかのふたりは疲れたのか、さっさと眠ってしまい、彼とタカシだけが起きてテレビを見ていました。

彼とタカシはテレビにもあきてきて「ちょっと外に行ってみるか」と旅館前の小川に出てみました。春とはいってもまだ寒く、梅の花がいい匂いを放っていました。

ふたりは小川のそばに座りこんで、何気なく石を拾っては投げこんでいると、いつの間にか五歳くらいの男の子が来て、いっしょに石を投げはじめました。

こんな夜遅くにどうしたのだろうと思って、

「どこの子？」

と聞いてみると、黙って彼らが泊まっている旅館を指さしましたので、おかみさんの子供だなと納得しました。

その男の子は下を向いたまま、熱心に石を拾っては川に投げて遊んでいました。

でも、なんとなく動きが不自然で、顔をまったくあげないことだけが気にかかりました。

そのうち、どんどん身体が冷えてきて、手足が冷たく感じられるようになったので、彼らは旅館に帰ることにしました。ふたりが立ち上がっても、男の子はまだ小石を拾いつづけています。

そのようすが理由もなく薄気味悪く、ふたりで顔を見合わせて旅館に急いだのですが、後ろではいつまでも「ポチャン、ポチャン」と小石が水に投げこまれる音がつづいていました。

ところが、旅館の玄関の手前まで来ると、突然、

「遊んで！」

という声が背後でし、驚いて振り返ってみると、男の子はいつの間にか彼らの真後ろに立っていました。

心臓が止まるほど驚いて、ふたりは部屋に駆けこむと、そのまま布団のなかに潜りこみました。

その翌日、おかみさんに不思議な男の子の話をすると、おかみさんは急に目を伏せ、涙を拭きながら、彼らふたりを奥の部屋に案内しました。その部屋の仏壇には、あの男の子の写真が飾られていました。二年前に病気で亡くなったそうです。

男の子の姿を見たのは彼らだけではないと、おかみさんはいいましたが、私の主人は、いまだに忘れられない不思議な夜だったといいます。

老舗《しにせ》旅館の「ここだけの話ですが……」――山下まり子（五十三歳）

私が去年の秋、伊豆のある温泉に行ったときのことです。

母に旅行計画のいっさいを任されていた私は、泊まる宿にもこだわったつもりでした。伊豆でも有名な老舗旅館、古い本館のほうには文豪など有名人が常連だったというのが、そこのうたい文句でした。

私はわざわざ本館に予約を入れ、母とふたりの旅を楽しむつもりでした。

部屋に案内されたとき、なんとなく気味が悪いと感じたのが第一印象でした。古いというだけでなく、空気がよどんでいる気がしたのです。けれども怖がりの母を怯えさせてもいけないので、あえてその話題は出しませんでした。

殺風景な十畳ほどの日本間の一角には、古ぼけた墨絵がありました。着物姿の女の人が横たわり、不自然に両手を差し出して助けを求めている……そんな絵です。

夕食後、お風呂で汗を流した私たちは、十時ごろには床につきました。ふたりとも、久しぶりにゆったりした時間をもったので、日頃の疲れが出てしまったのかもしれません。

私は横になると、すぐに眠りのなかに引きこまれていきました。

それからどのくらい経ったのかわかりませんが、突然、母の大声で起こされました。

「助けて！……助けて！」

旅館の浴衣姿で横たわる母は、苦しそうにこちらに両手を差し出しています。私は母を正気に戻そうと、夢中でその肩を揺さぶりました。

「お母さん！　起きて！　起きて！」

必死に呼びかけると、母は目を開けました。

「大丈夫？」

心配する私をよそに、母はきょとんとして、

「どうしたの？」

などといっています。

そして、何事もなかったかのように、また横になってしまったのでした。

私のほうは気味が悪くなって、寝つくことができません。時計を見ると、まだ午前二時をちょっとすぎたばかりで、どうにか眠ろうと、布団のなかで楽しいことをあれこれ考えようとしました。

しばらく怖さを紛らわしているうちに、どうやら少しうとうとしてしまったようでした。

すると、ふたたび、

「……助けて！」

母が叫び声をあげました。

さっきとまったくおなじ格好で、両手を突き出し何度も「助けて！」と繰り返すのです。

このとき、私はハッと気がつき、全身に鳥肌が立ちました。

母は、この部屋に飾られた墨絵とまったくおなじ格好で、助けを求めていたのです。

〈何かが……乗り移っている……〉

あの絵のなかの報われない魂が、必死でもがいていることに気がつきました。怖さを通り越して、私は力任せに母を揺さぶりました。このままでは、母が絵のなかに連れていかれる、そんな気さえしました。私に揺り起こされた母に事情を説明したあとは、ふたりとも一睡もできないまま、朝を迎えました。

翌日、朝食もそこそこに逃げるように旅館を出ようとしたとき、昔からいるという仲居さんがあとを追いかけてきて、「ここだけの話ですが……」と教えてくれました。あの部屋に泊まって私たちのようなめにあった人は何人もいるというのです。仲居さんにもその理由はわからないそうですが、私たちだけではないと聞いて、あらためて絵のもっている怨念の深さに震えました。

あの不気味さは、いまでも忘れることができません。

入ったらあかんとこに入ったな――加山雪子(四十五歳)

これは友人のTさんに聞いた話です。

彼女がまだ独身だったころ、西日本のある地方にお母さんやおばさんたちといっしょに旅行をしたのだそうです。とても楽しい旅で、町にあるお城はなんともいえない情緒があって、何枚も写真を撮ったといいます。

ところが、九州の自宅に帰り、旅の写真をみんなで見ていたとき、Tさんは急に頭痛に襲われました。それまでに経験したこともない痛みで、まるで殴られているようだったそうです。吐き気もするので、すぐに薬を飲んで自室で休みました。初めは旅行の疲れが出たのではないかと、彼女も家族もそう思っていました。しかし、それが、始まりでした。どんどん体調は悪くなり、全身の倦怠感、頭痛、食欲不振に悩まされ、Tさんはみるみる痩せていきました。

病院に行って詳しい検査をしましたが、原因がまったくわかりません。スポーツ万能で元気いっぱいだったTさんは、やがて歩くのもままならないほど衰弱してしまいました。

ついに紹介状を持って大学病院に転院。ここでも、徹底的に検査をしましたが、医師は首をかしげるばかりだったといいます。いっこうに回復の兆候がないTさんに、さまざまな薬が処方されました。効果が見られないと、より強い薬を使うようになったそうで、

「まるで実験台だったわ」

とTさんは、唇をゆがめます。

日を追ってTさんの容態は悪化していきました。そして、ふたたび新しい薬を処方された日、ついに昏睡状態に陥ってしまいます。付き添っていたお母さんは取り乱しました。医師や看護師さんに詰め寄って、「副作用だわ。なんてことをしてくれたの」と抗議したそうです。

不思議なことに、Tさんは、このときのようすをはっきりと見ているというのです。昏睡状態のTさんが間違いなく、会話まで知っていたのです。しかも、彼女はそのようすをベッドの上の天井あたりから見下ろしていたといいます。

「臨死体験？」

私がそう尋ねると、Tさんは静かに頷きました。

「そう。お母さん、お母さんって何度いっても聞こえていないの。ただ、私はふわりと浮いてドアも何も関係なく、病院全体を見通すことができた。でも、意識は部屋のなかだけに集中していたの」

Tさんが見たのは、病室にいる母親と医師や看護師だけではありません。枕元のベッドと壁のあいだ……そんなところにあいだがあればの話ですが……とにかくそこにたたずむ人影を見たといいます。その人はしょんぼりとした感じでうなだれ、昏睡状態のTさんを見つめているふうだったそうです。

顔は、ザンバラに散る長い髪のせいで見えません。身体には野球のキャッチャーがつけるプロテクターのようなものをつけていますが、それはボロボロに朽ちていたそうです。そして、下半身は消えたように、おぼろで見えません。

天井から見下ろしていたTさんは、その人が顔をあげて、天井の自分に気づくのではないかと怖くて仕方がなかったといいます。

心なしか、その人が顔を動かしたように見えたとき、Tさんは「こっちを向くな。ここはいや。ベッドに戻りたい！」と必死に祈りました。

その願いが通じたのか、Tさんは自分の身体に戻れたそうです。戻れたというのは、そこから本当に意識がなくなったということです。

こうした状況のなかで、医師から「ちょっと出ていてください」と廊下に出されたTさんのお母さんは、〈このままでは娘は死んでしまう〉と直感し、すぐに家に戻ると、Tさんが日頃使っていた衣類をまとめて、ある家に向かいました。そこは地元では有名な「拝み屋さん」で、霊能力をもつおばさんが原因不明の病を治したり、失せ物を見つけたりすると評判のところでした。

Tさんの生年月日が書かれた紙を見つつ、衣類に手をかざしていたおばさんは、眉間にしわを寄せながら、お母さんにいいました。

「あんたら、人間が入ったらあかんとこに入ったな。これは命取られるで」

……入ったらあかんとこ……入ったらあかんとこって……。

お母さんは必死になって考えました。すると、拝み屋さんは、

「人が死んだとこ、昔、戦《いくさ》のあったとこ。浮わついた気持ちで行って、写真撮ったりしたな。そこからついてきてるで、落ち武者みたいなのが」

拝み屋さんの言葉に、お母さんは楽しかった旅行を思い出しました。けれど、入ってはいけない立ち入り禁止のようなところに入った覚えはありません。

「人の決めたとこやない。神さん、仏さんの決めたとこ。昔の人は知ってたはずやけど、いまは忘れられた、そういうとこやな。お母さん、一刻の猶予もない。私もできるだけのことはするけど、あんた、頑張り」

家に帰ったお母さんは夜を徹して、おばさんの言いつけどおりのやり方で写経し、娘の回復を祈ったそうです。やがて、Tさんはベッドのなかで自分の身体にぬくもりが戻って

くるのを感じることができたといいます。

このとき、自分を覗きこむざんばら髪の顔と目が合ったらどうしようと考えなかったのか聞いてみましたが、彼女には、もうあの人はいないとわかっていたのだそうです。

この話をTさんから聞いた数日後、私は主人と愛知県に行きました。ドライブ中「〇〇古戦場跡」という標識を見つけ、私が歴史好きなのを知っている夫が「行こうか」といってくれましたが、私は「行かんとこ」と答えました。たぶん、一生行かないと思います。

顔に当たる生暖かい風――成岡純一(三十八歳)

これは、私が昨年、ニューヨークで生活していた際に体験したことです。

私は当時、ニューヨーク大学の寮に入っていて、韓国人のルームメイトと十畳ほどの大きさの部屋に同居していました。

場所はマンハッタンの南側、いわゆるルアーマンハッタンでウォール街のすぐそば、グラウンドゼロまで徒歩で十分くらいの距離で、二〇〇一年に建ったばかりの新しい十五階建ての建物の四階に住んでいました。

部屋の作りはいたってシンプルで、真新しい、白で統一されたその空間はどことなく、病室を彷彿とさせました。

私は、この部屋で不思議な体験をしようとは夢にも思っていませんでした。

毎日忙しく、アメリカの生活にも慣れはじめた十月中ごろのことです。

遅い夕食をとって、片づけを終え、ベッドに横になりました。私のルームメイトはすでに眠っています。ルームメイトが眠っているベッドの背後には大きな窓があり、ブラインドを閉じていても月の光が差しこんでいました。

私は頭からタオルケットをかぶり、左側を下にした姿勢で、目を閉じました。

どのくらい時間が経ったでしょうか。

眠っている私の意識を呼び戻したのは、顔に当たる生暖かい風でした。

〈なんだろう?〉

体勢を変えようとして、気がつきました。身体がまったく動かないのです。

〈金縛りか?〉

何度か経験のある私は驚くこともなく、身体が動くようになるまで、焦らず待とうと考えました。しかし、何より気にかかるのは、さっきから顔に当たる風です。

窓も閉めて、エアコンもかけていない室内で、タオルケットを頭からかぶっている私の顔にかかりつづける風……。どうして風が当たるのか、気になって仕方ありません。

身体は相変わらず身動きのとれない状態でしたが、目だけは開けることができました。

暗がりのなか、目を凝らすと……、目の前に白いシーツのようなものをかぶった人型のものが横たわっています。

ちょうど私とおなじ体勢で、向かい合う形で。

その白いものの口と思われるあたりから、

「フー……フー……」

息吹が私の顔に吹きかけられています。

それは苦しそうなうめき声とも、安らかな寝息ともつかないものでした。

私は目を閉じ、身体が動くようになるまでどうすることもできないと思いました。

しばらくすると、顔に感じていた風が消え、「フー……フー……」という音も消えました。と同時に、私の身体も自由になったので、おそるおそるタオルケットから顔を出して、白いものが横たわっていた場所を見ました。しかし、そこには何もなく、月の光を受けてシーツが青白く光っているだけでした。

あれはグラウンドゼロから連れてきてしまったものなのか。それとも初めからそこにいたものなのか。そもそも、その正体さえわかりません。

第五章　闇にうごめく霊魂の恐怖

不吉な風景画——神龍真純(二十二歳)

僕が七歳くらいのときのこと。埼玉県に引っ越した直後のことでした。

引っ越し用の段ボールの箱に囲まれ、弟といっしょになってつぎつぎに開けていく作業は、子供心にもワクワクして楽しいものでした。

いくつめかの箱を開けたとき、そこから何の変哲もない海と空の風景画を見つけました。

「これ、どうするの?」

僕はお父さんに聞きました。

「自分の部屋に飾ったらどうだ?」

「え〜、これ飾るの?」

なぜだろう。僕はその絵から不快感のようなものを感じていました。

「なんかこの絵、いやだ……」

小さな声で逆らいましたが、父は、

「もらい物だが、お父さんはけっこう好きだし、引っ越したばかりの殺風景な部屋の見映えもよくなる」

そういって、勝手に子供部屋に絵を飾ってしまいました。

いやなのに……。

その夜、暗くなった部屋に足を踏み入れた瞬間、寒けのようなものを感じました。なんとなく壁の絵に目をやると、絵が光ったように感じられます。

なんだろう……と目を凝らしていると、絵のなかから顔のような輪郭が浮き出てきたのです。つぎからつぎへと……。

ウソだ。人物が描かれていない風景画に顔があるはずがない。見間違いだと信じたくて、照明のスイッチを押しました。

「どうしたんだよ」

弟の声が聞こえ、僕は胸を撫で下ろしました。

「な、なんでもないよ」

そう答えたものの、動揺は隠しきれません。

「まさか、この絵から顔が見えたとか?」

弟はあっけらかんといい、僕は改めて絵を見ましたが、もちろん顔など見えないし、さきほどの恐怖感もありませんでした。

「……顔のように見えただけかもしれない」

僕がそういうと、弟は絵を眺めたり、触ったりしました。何も起こらなかったのはいうまでもありません。

「もう寝る」

そういうと、僕はベッドに入りました。

怖さと恥ずかしさが入りまじった気分で、早く寝てしまいたかったのです。

一度は眠ったものの、真夜中に急に恐ろしい不快感に襲われて目を覚ました僕の目の前を、ありえないものがよぎりました。無数の顔……。絵のなかに出てきた顔の輪郭がいくつもいくつも空間に漂って……。

〈ありえない！　ありえない！　ありえない！……〉

自分に言い聞かせて、かたく目をつぶりました。

絵に不快感をもったまま、数年が過ぎました。

その間、何度も絵のことは父に話しましたが、信じてもらえず、僕が絵を外すと、父はまた飾るのです。僕は我慢することにしました。もしかしたら、隠すか、壊すかしたほうがよかったのかもしれませんが、そこまでするのも馬鹿げているように思われて……。

ある夜。

弟といっしょにお風呂に入ったとき、絵の話が出ました。

「あの絵、怖いな……」

という弟に、僕はむきになって言い返しました。

「別に、怖くなんかないよ！」

そういわなければ、恐怖が増幅されてしまうような気がしたから。

「案外、信じてないやつが呪われたりするんだよな」

弟はからかうようにいうと、急に、

「ほら、後ろ！」

と、僕の背後を指さしました。その瞬間、頭がくらくらして、僕はバタンと音をたてて倒れてしまいました。

「なんだよ！　どうしたんだよ？」

弟はかなり動揺していましたが、僕にもわかりません。そのときは身体を洗っていただけで、立ちくらみがするような原因は何もなかったのです。そんな経験は初めてのことでした。

お風呂から上がると、ちょうど、大きなトランクを持った父が社員旅行から帰ってきたところでした。

「お土産買ってきたぞ」

見たこともない外国の珍しいお菓子やキーホルダーなどが、つぎつぎとトランクから出てきます。

「これもおまえたちに持たせたいものだ」

つぎに父が取り出したのは、スイスのマークがついた三つのツールナイフ。ドライバーや缶切り、ピンセットなどがついたものでした。

いま考えると、子供に持たせるにはあまり適切なお土産とは思えませんが、そのときは喜んで、ナイフを出したり、折りたたんだりしたあと、机の引き出しに大切にしまいました。

数日後の夜、自分の部屋で引き出しからナイフを取り出し、遊んでいるとき、何気なく壁の絵に目をやると、また、あの顔が……。その瞬間、指に激痛が走り、生暖かいものが床に滴り落ちました。

血だ……。絵に見とれたせいだろうか……。

折りたたもうとしたナイフに指が挾みこまれています。僕は、滴り落ちる血を冷静に、じっと見ていました。

部屋に入ってきた弟のほうが大騒ぎをし、叫び声をあげると、親を呼ぶために飛び出していきました。

指に食いこんだナイフを引き抜くと、激痛が走りました。

そのころから、なぜか、学校に行くのが億劫《おっくう》になりました。理由もなく、死にたいと思うようになりました。学校の休み時間、ベランダに出て空を見上げると、死ねば楽になるような気になりました。

校舎のベランダの手すりに足をかけ、もうこれで楽になると思ったのに、人が集まってきて、僕は死ねませんでした。

家に帰ったあとも、ナイフを見ると、胸に当てたくなる。死ねば、不快感が消えるのだと思ったからです。眠っているとき以外は、いつも締めつけられるような不快感があって、苦しい時間ばかりでした。ときどき、眠ってからも顔の輪郭が漂うこともありましたが、慣れっこになって、もう気にすることもなくなっていました。

つぎの日、学校から帰ってくると、あの風景画はなくなっていました。父が捨てたのだそうです。

それ以来、顔の輪郭を見ることはありません。

すべてはあの絵が原因だったとしか思えないのですが、あれが何だったのか。それを調べる術《すべ》はもうありません。

「怪談大会」の夜に――森山孝次郎(十八歳)

それは去年の夏の暑い日、友人の家でのことです。

僕を含めて四人が集まった友人の家は昔ながらの古い造りで、そのなかでもいちばん趣《おもむき》のある座敷にみなで集まりました。ここで、「怪談大会」を開くのです。

四人が順番に自分の知っている怖い話をしていきます。一周すると、つぎの怖い話というふうに、それは夜中までつづくのです。

みんな、人に聞いたり、本で読んだり、あるいは自分自身が体験したりしたことなどを話すのですが、どれもゾクッとするようなことばかりで、僕は後ろを向くのも怖いと感じるようになっていきました。

ちょうど話が二周めに入ったとき、紅一点の仁美さんがこんなことをいいました。

「怖い話をすると、本当に幽霊が寄ってくるんだって」

それは、長い話よりもずっと僕たちを怖がらせるには充分な言葉でした。

「おい、そんなリアルなことというなよ」

その家の友人は、とくに怖がりなので、すでに顔を青くしていました。

「そうだな。ちょっと電気つけようか」

　雰囲気を盛り上げるために消してあった電気をつけるため、僕は立ち上がりました。そして、電気のスイッチに手をかけようとしたそのとき、「ガラガラ……」と音がして、縁側に面した障子が開いたのです。

　みんな、ビクッとして、いっせいに顔を上げました。しかし、縁側から現われたのが、その家のおじいさんだとわかり、胸を撫で下ろしました。僕もよく知っているおじいさんです。

「なんじゃ、おったのか。こんなに暗くして、何しとるんだ？」

　おじいさんは笑いながら、そのまま、行ってしまいました。

　僕は電気をつけ、友人たちと顔を見合わせて思わず笑いだしてしまいました。びくびくしている自分たちがこっけいに思えたのです。

　ところが……。この家の友人だけは、ひとり浮かない顔をして、おじいさんが去っていった廊下を見つめています。

「おい、どうしたんだ？」

　僕が尋ねると、友人は静かに答えました。

「じいさんがいま……家にいるはずはないんだ……。町の病院に入院してて……、意識不明なんだ」

友人の言葉が終わらないうちに、僕たちの顔から笑いが消えました。座りこんでいる畳からゾクゾクと寒けが身体をかけのぼってきます。

その日から数週間後、おじいさんは無事に退院することができたのですが、入院中に座敷に集まっている僕たち四人に会う夢を見たそうです。

怪談をするときには、誰が現われてもいいという覚悟が必要なのです。みなさんも気をつけてください。

もうひとりの自分と出会ったら……

——堀江亮一（三十五歳）

自分で「私って霊感が強いの」という、ひとりの女性がいました。

金縛りにはたびたびあうし、そんなとき身体の上に何かが突然、乗ってくることもあるといいます。それは犬や猫などの動物が多いそうですが、ときには人だったりもするといいます。

「昨日は夜中に、お腹の上に赤ん坊が乗っていたの。しかも血のついたへその緒がついたままで、気持ちが悪くて叫んだら、両親がびっくりして飛び起きてきたわ」

そんな話は何度も聞かされました。

「そんなバカなこと……」

私が笑うと、彼女は、

「ウソじゃないの。本当なのよ。実際に赤ん坊が見えるんだから」

と、むきになったように主張します。

当時、私は霊感などというものはまったく信じていませんでした。ストレスや体調不良が原因で金縛りは起こるものだというぐらいにしか、考えていなかったのです。だから彼女がいくら説明してくれても、私はまったく相手にしませんでした。

いまにして思えば、悔やまれるのですが……。

ある暑い夏の日のことです。近所の喫茶店で氷の入ったアイスコーヒーを手にしながら彼女がこんなことをいいました。

「昨日、居間でうとうとしていたら、変な夢を見たの」

「へえ、どんな夢？」

またかと思いながら、私は彼女の話につきあいました。

「私が眠っているところへ誰かが外から入ってくる気配がしたの。びっくりして飛び起きたら、その人は背中を向けて出ていくところだった。それで私、立ち上がってドアのところまで行ったの」

彼女が見たのは、大きな麦わら帽子をかぶった女性だったといいます。背格好は彼女とおなじくらいで、肌が抜けるように白かったそうです。

「私、声をかけてみたの。でも、その人、立ち止まりもせずに、消えちゃった」

「消えちゃった？」

「そう、消えちゃったの。ほんと変な夢で、笑っちゃうでしょ？」

彼女が笑うので、私もつられて笑いましたが、ふと疑問が残りました。

……その女性はいったい誰なんだろう……？

もちろん夢のなかの人物なので実在するとはかぎりませんが、私の心には何かひっかかるような、いやな感じが残りました。

……虫の知らせだったのかもしれません。

それから数カ月後、彼女は突然、入院しました。

驚いて見舞いに行ってみると、たった三週間で、彼女は痩せ細り、変貌していました。

「大丈夫か？」

「ええ。ちょっとした胃潰瘍だって」

それが真実だとは思えませんでした。しかし、私は、

「そうか。大丈夫、すぐに治るさ」

と励ますしかありません。

病室に少し気まずい沈黙が流れたあと、彼女は思い出したように口を開きました。

「いつか話した夢のこと、覚えてる？」

「夢？」

「麦わら帽子をかぶった女の人」

「ああ。思い出したよ」

「あの人の正体、私、わかった」

「本当？」

びっくりして私は思わず彼女の顔をのぞきこみました。

「ええ」

「誰？」

「たぶん、だけどね。あれ、私なの」

目を丸くしている私に、彼女は説明を始めました。

麦わら帽子は彼女が子供のころにかぶっていたものとそっくりだったこと、後ろ姿も背

格好も自分に似ていること、ただ違ったのは、肌が抜けるように白かったことなどを……。

「じゃあ、違うかもしれないじゃない。抜けるように白い肌って……完全にきみじゃない」

「そうね。でも、ほら。私の肌、前より白くなってない？」

いわれてみると、たしかに白くなっていました。それは病気のせいだったのでしょうか。

「で、きみは何がいいたいの？」

「別に。ただそれだけよ」

彼女は弱々しく笑って、その会話は終わりました。

そんなに長い時間話していたわけではありませんが、「疲れた」と彼女は横になり、買い物に行っていた母親が戻ってきたので、私は挨拶をして病室を出たのです。

彼女が亡くなったのは、それから間もなくのことでした。

病名は「白血病」でした。告知されてはいませんでしたが、勘のいい彼女は薄々気がついていたかもしれません。

一年が過ぎたころ、私はふと彼女と最後に交わした会話を思い出しました。ちょうど麦わら帽子をかぶった女性を見かけたせいだと思います。

そして、同時に、そのころ読んだ本の内容が頭のなかを駆け巡りました。その本のなかには「人間は自分とおなじ人間を見ると死ぬ」とあったのです。映画にもなった有名な説だということでした。

彼女は自分の幻影を見てしまったのでしょうか。子供のころの麦わら帽子をかぶった自分自身を……。

そして、彼女もあれが自分の幻影で、自分がいずれ死ぬということを知っていたのかもしれない。白血病の人は異常に肌が白くなるといいます。もしかしたら、彼女はそれも知っていたのではないでしょうか。

彼女の死から数年間、私は立ち直れませんでした。そして、現在でもつきあう女性のなかに彼女の面影を探して、戸惑ってしまうことがあります。

そう、亡くなった彼女は、私が心から愛した恋人だったのですから。

郵便受けから覗く女――峰佐紀子（三十歳）

去年の夏に体験したことをお話しします。

私はごく普通の主婦で、主人と一歳になる子供の三人暮らしですが、子供が生まれたのをきっかけに少し広めのアパートに引っ越しました。

部屋は一階で、玄関と居間の出窓部分が表通りに面しているので、昼間は車の音が多少はするものの、そんなに気になるほどではありません。住宅街ですので、夜は静かで、私は気に入っていました。

出窓の正面ははめ殺しのガラスになっているのですが、左右の二十センチほどのガラス窓は外に向かって四十五度ほど開くことができます。そこからいい風が入ってくるので、昼も夜も開け放し、網戸にしていました。

けれども、遊びにきた両親から「この細さなら、人は入れないだろうけど、夜くらいは閉めたら」といわれ、それからは主人の帰りの遅い夜には閉めるようにしていました。

その日も主人が仕事で遅くなると言い残して出かけていったので、十一時前に窓を閉めようと、出窓に近づきました。

すると、出窓の左側のほう、玄関のあたりに何かが動いているのが見えたのです。門灯は消えていて、通りからのわずかな光だけが頼りでしたが、たしかにそこには人が立っていました。覗きこむようにして目を凝らすと、それは女の人でした。白っぽいワンピースを着て、後ろ向きで立っています。

私の部屋の玄関は通りから少し奥まっているので、人が立っているような場所ではありません。それなのに、その女の人はチャイムを鳴らすわけでもなく、かといって立ち去るわけでもなく、微動だにしないで、ずっと立っているのです。

なんだか変だなとは思いましたが、私は出窓を閉めるのをやめて、一度子供の寝ている部屋に行き、十分ほどしてからもう一度、居間に戻ってきました。さっきの女の人はどうしただろうと、そっと覗いてみると、もうそこには誰もいません。

ホッとして、窓を閉めようと思い、外に開かれた窓の取っ手に手を伸ばしたそのときです。いきなり「グイッ」と手首をつかまれました。

「キャーッ！」

声をあげて下を見ると、さっきの白いワンピースの女が出窓の下から手を伸ばしています。ちょうど死角になっているその場所にしゃがみこんでいたのです。女は私の手首をつかんだまま、ゆっくりと立ち上がりました。

「ググググッ……」

女はまるで動物のような奇妙な声を漏らしながら、ゆっくりと顔を上げました。

その顔……！

切り刻まれたような無数の傷がついた血の気のない顔は、たしかに生きている人のものではありません。

私は夢中で「南無阿弥陀仏、南無阿弥陀仏……」と唱えました。

すると、急に女の手が離れたかと思うと、その姿も見えなくなったのです。

無我夢中で出窓を閉め、その場に座りこんでいると、今度は玄関のほうから物音が聞こえてきました。

「ガチャ、ガチャ……ガチャ、ガチャ……」

玄関のノブをまわしている音です。

私は勇気を振り絞って玄関に向かいました。

玄関のノブがわずかに動いていました。しかし、鍵がかかっているのであきらめたのか、今度は郵便受けのフタが動きはじめました。

玄関のドアに取りつけられた郵便受けは、フタがついているだけで、郵便物は玄関の床に無造作に投げこまれるスタイルになっているのですが、そのフタが向こうから何度も何度も開けられています。

そのようすを見ているだけの私は、恐怖のあまり身動きさえできませんでした。

ずいぶん長い時間に感じられましたが、もしかしたら、一分か二分という時間だったのかもしれません。急に物音がピタリとやみ、外の気配が消えました。何事もなかったかのような静けさが戻り、私は「はあ……」と息を吐きました。

ところがつぎの瞬間、「ガチャ」と大きな音がしたかと思うと、ふたたび郵便受けのフタが開かれ、真っ白な手がヌッと入ってきたのです。そして、その向こうから充血したような目が、じっとこちらを覗きこんでいたのです。

「キャー！」

私は叫びました。

「誰か助けて！　怖い！　怖い！　誰か来てー！」

目をつぶったまま、あらんかぎりの声を出しました。

どのくらい経ったのかさえわかりません。

激しくドアを叩く音と、聞き覚えのある隣の奥さんの「どうしたの？　大丈夫？」という声に我にかえった私は、這ってドアの鍵を開けると、入ってきた奥さんにしがみついていきました。いま見たものの話をしようとしましたが、泣きじゃくっている私の話を伝えるまでにはずいぶん時間がかかりました。

やっとの思いで話し終えると、もうこのアパートに三十年間住んでいるという隣の奥さんは、十数年前に起こった出来事を話してくれたのです。

私たちが住んでいるこの部屋には、そのころ、同棲中のカップルが住んでいたといいます。当初は仲のいいふたりに見えたそうですが、数カ月もしないうちに、男性が見知らぬ女性を連れてくるようになりました。いっしょに住んでいる女性が仕事に出かけている隙を狙って、別の人を連れてくるのです。それも、ひとりやふたりではなく、次から次へと違った女性とつきあっているようでした。

やがて、その男性は初めに同棲していた女性を追い出し、アパートの鍵も取り上げて、違う女性と暮らしはじめたのです。

そんな男の人とはすっぱり別れてしまえばいいものを、女性はどうしてもあきらめることができず、夜な夜なこの部屋を訪れては、郵便受けのフタを開けて部屋のなかを覗きこんでいたということでした。そう……今夜のように……。

そして、そんなある日、新しく暮らしはじめた女が出窓を開けて口汚くののしったことから、逆上した女の人は、男性が出かけるのを見計らって、部屋に押し入り、激しい言い争いになりました。ところが、まもなく帰ってきた男性は、興奮して暴れる女性に、ついには包丁を向けたのでした。

何十カ所も切りつけられた女性は、この部屋で絶命したそうです。

その後、この部屋に入居する人は、おなじように男女のトラブルを起こしたり、別れてしまったり、私のように怖い思いをしたりして、つぎつぎに部屋を出ていったといいます。

私は主人と相談をして、お坊さんに来てもらってお祓《はら》いをしました。それから、あの女の人を見ることも、玄関の郵便受けが開けられることもなくなりました。

なかなか寝つかれぬ夜に……――近藤温子（二十六歳）

それは、ある夏の夜のことでした。

私はなかなか寝つくことができず、布団のなかで寝返りを繰り返していました。

それでも、しばらくするとうとうとしはじめ、ようやく眠りに落ちていきました。

それからどのくらいの時間が経ったでしょうか。突然、耳に大きな衝撃を感じました。

「ザーッ！」

爆音のような音が響きます。

驚いて目を開け、起き上がろうとしました。ところが、身体の自由がきかないのです。起き上がるどころか、動くこともできません。自分の身に何が起こったのか、まったくわかりませんでした。

そのとき、誰もいないはずの部屋のなかで、何かが動く気配を感じました。重いまぶたに力を入れ、気配がする頭の上のほうに視線を向けました。

すると、そこには、私を真上から見下ろしている男がいたのです。直立不動のまま、表情のないサメのような目がじっと私を見ています。

「………！」

叫び声をあげようとしましたが、咽喉《のど》は笛のような音をむなしく出すだけでした。

あまりの恐怖に目を閉じようとしました。しかし、その自由もないのです。私の目は吸いつけられるように男を見上げたまま、硬直していました。

〈助けて！　助けて……！〉

心のなかで叫びました。

と、つぎの瞬間、男の首だけが私の顔をめがけてグーッと伸びてきたのです。

顔に生暖かい息を感じました。

〈助けて！〉

私の意識は遠ざかっていきました。

気がついたとき、夜が明けていました。まるで何事もなかったようないつもの朝でした。

〈夢……？　夢だったんだ……〉

汗ばんだ首筋を手でぬぐいながら、起き上がった私は、枕元を見て凍りつきました。夢のなかの男が立っていたその場所だけが、びっしょりと濡れていたのです。

あれから男は現われませんが、またいつか……、そう思うと、夜もぐっすり眠ることができません。

ひとりで家にいるのが怖い――松本美佐代（四十歳）

もう思い出したくないほど怖い体験でしたから、文章にするのはたいへん苦痛なのですが、怖いことは昼間にも起こるのだということを知ってほしくて、筆をとりました。

私は小さいころから霊感があるということは自分でも感じていましたが、霊の気配を感じていやな気持ちになったことはなく、むしろ温かく包まれている感じが多かったので、怖いと思うことはありませんでした。昨年三月に、あの体験をするまでは……。

七年前、私たち家族はT県O市に移り住むことになりました。新しい住居はマンションの七階で、日当たりのいい3LDKです。

異変は初めからあったのです。

引っ越し直後から深夜になると、お風呂から「ザバ、ザバ」と水をかけるような音が響いてくるようになりました。何だろうと思って見に行くと、浴室のドアに手をかける前に聞こえなくなります。それは三月に引っ越しをするまでつづきました。

そして去年の夏ごろから、自宅にひとりでいると、窓を閉めきっているのに、襖やドアが「ガタガタ」と音をたてて揺れるようになりました。もし、これが夜中のことならとて

も怖いのでしょうが、いつも昼間にしか起こらないので、

〈六階も八階も留守なのに、不思議……〉

というくらいにしか感じていませんでした。

そんなことがつづくなか、昼間、部屋のなかで本を読んだり、ビーズ作りをして、何かに熱中していると、家のなかを誰かが歩いているような気配を感じるようになりました。

「スー、スー」

と、足をひきずるような音がするのです。

気にしはじめてから数日後、ビーズ作りの最中に物音に気づいた私はふと顔をあげました。そして、ガラス窓に映ったものを、見てしまったのです。

足をひきずって歩く白髪頭の小太りのおじいさんを……。

怖くなった私は、霊感の強い友人に電話をして、来てもらいました。友人が来てからも、足音は消えませんでした。

すると、彼女は、

「おじいさんだけじゃなくて、子供もいるよ。でも、悪い気は感じない。たぶん、遊んでっていってるんじゃないかしら」

といいます。

悪い霊ではないと聞いて安心した私は、昼間ひとりのときも「悪い霊じゃない」と自分に言い聞かせてすごしていました。とても不思議なことですが、こういったことが起こるのは、家にわたしがひとりのときだけなので、家族には話しませんでした。何も知らない家族を怖がらせるだけだと思ったからです。

そして、年が明け、三月には、また夫が転勤することになりました。

引っ越しの準備で忙しくしていると、足音や襖の音は激しくなっていきました。

三日後に引っ越しという日、疲れが出たのか、昼食後に眠くて眠くて仕方がなくなりました。片づけもはかどらなくなったので、私は二時間だけと決めて、目覚まし時計をセットすると、南側の明るい部屋に横になりました。なぜか暗い部屋はいやだったのです。

すぐに深い眠りにつき、どのくらい経ったかわかりませんが、玄関のドアが激しく閉まる音で目を覚ましました。

〈いけない！　ドアの鍵を締め忘れた！　誰か来る！〉

いいようのない恐怖で身体がこわばりました。

玄関のドアにつけてあった鈴も「チリン、チリン」と音をたてています。

〈泥棒だったらどうしよう。七階だから、逃げ道は玄関しかない……〉

そう思ったとき、クローゼットのなかにゴルフバッグが入っていることを思い出しました。いざとなったら、ゴルフクラブで応戦するしかない……。そう考えて、起き上がろうとしましたが、身体が動きません。

〈疲れてるからだわ。意識を集中すれば、大丈夫。……一、二、三！〉

大きく深呼吸して、はずみをつけて起き上がった私は、気絶しそうなほど驚きました。目の前に、顔面蒼白で目を血走らせたおじいさんが立っていたのです。

生まれて初めて見る恐ろしい顔……。この世のものではありません。

「ヒッ……」

私は声を出すことも、立ち上がることもできず、ズルズルと這って隣の部屋に逃げようとしました。

しかし、背後に気配が近づいたかと思うと、全身が凍りつくような冷たい手が、私の首をつかまえました。そして、ぐいぐいと絞めつけてきたのです。

〈殺される！〉

両手を宙に泳がせながら、私の意識はだんだん遠のいていきました。前の道路を通る車の音がかすかに聞こえていました。

そのとき、電話のベルが鳴り響きました。その瞬間、私は激しく床にたたきつけられていました。

首の圧迫感は取れています。でも、怖くて動けません。目を開けることもできません。どのくらいじっとしていたかわかりませんが、少し落ち着きを取り戻した私は、静かに目を開けました。部屋のなかは何事もなかったかのように静かです。そして、何の気配もありません。

玄関に行ってみました。ドアは閉まり、鍵もかかっていました。

そして、ふと玄関脇の鏡を覗くと、首には真っ赤な痕がついていたのです。

あのマンションを出て、いまは静かな生活をしていますが、あのときのことを思い出すと、いまでも家にひとりでいるのが怖いのです。

この世のものではないもの──山本恵(二十八歳)

私が初めて霊の存在を知ったのは、中学二年生のときのことでした。

ある日、眼科に行き、診察の順番を待っていました。先生が暗室に入り、診察を受ける人とその次の人が呼ばれて、暗室のカーテンの向こうに入ったので、私はカーテンの前で待機していました。看護婦さんがカーテンを開けたとき、白いブラウスと赤に水玉のスカートをはいた幼稚園くらいの女の子がイスに座って、足をバタバタさせているのが見えました。よほど退屈なのか、カーテンが閉まってからも足でカーテンを蹴って遊んでいるようです。私はその子が終わってから名前を呼ばれると思っていたら、すぐに呼ばれたので、「あれ？」と思いつつも暗室に入ったのです。

ところが、そこにはたったひとり診察を終えたばかりの人がいるだけで、女の子の姿はどこにもありませんでした。

それが最初でした。

その後も人の肩のあたりに白いモヤモヤするものを見たりすることはありましたが、私自身はあまり気にしないことにしていました。

けれども、中間テストを前にして、とんでもないことが起こったのです。

テストも近づいてきたので、自分の部屋で勉強していたある夜のことでした。

私の部屋は三階のベランダに面しているので、カーテンを開け放していました。外からは見えないし、ほかに高い建物もないのに、なんだかベランダのほうが気になります。参考書から視線を外して、ゆっくりベランダを見ると……そこに何かが立っていました。

男の人……？

あまりの恐怖にはっきりと確認したわけではないのですが、うろこで覆われた青白い人が窓に貼りついていたのです。べったりと……。

「わーっ！」

大声で叫びながら、転がるように走り出ました。台所にいた母にしがみついても、泣くばかりで、うまく話ができません。そんな私のようすに母は信じてくれたかどうかわかりませんが、私をなだめ、「部屋にはしばらく入らないで」といってくれました。

それからしばらくは夜も両親のそばで眠るようにしたのですが、夢のなかにまで、あの半魚人が出てきてうなされます。

心配した母は、私を心療内科に連れていき、診察を受けたのですが、先生のいうには、「ストレスや悩みが原因ではないか」ということでした。

私にもよくわからないので、そういわれればそうかなと思いました。というより、そうであってほしいとさえ思ったのです。

中間テスト二日めの朝、母がパートの仕事に出かけたあと、私も出かける支度をして、玄関で靴を履いていました。そして、顔をあげた瞬間、誰かが思いきり私の背中を押したので、前のめりに倒れた私は靴箱にぶつかって、目の前が真っ暗になりました。

〈何？　誰が押したの？〉

パニックになりながら、顔をあげると、目の前に……あの半魚人と、そして白いブラウスと赤に水玉のスカートの女の子が立っていたのです。ふたり、手をつないで……。女の子が私に向かって「おいで……おいで……」というように手招きしました。私はそのとき、逃げ出すことも、声をあげることもできませんでした。

〈連れていかれる……〉

そう思ったとき、玄関の鍵を開ける音がして、母が帰ってきました。忘れ物を取りに帰ったのです。その瞬間、半魚人と女の子の姿は消えていました。

あれから何年も経ち、結婚をして主人と犬三匹で静かな生活を送り、いやなことは記憶の彼方に消えたと思っていたのですが、また奇妙なことが起こりはじめました。

「何か」に最初に気づいたのは、私たちではなく三匹の犬でした。三匹で仲良く寝ていると思ったら、同時に起き上がり、いっせいにベランダに向かってほえることが頻繁に起こるようになりました。私たちの部屋のベランダから確かめてみても、何も変わったようすはないのに……。

ある日のことです。残業で遅くなった主人から「帰るコール」があったので、キッチンに行って夕飯を温めなおしていました。

まもなく、「コンコン」とドアをノックする音が聞こえてきました。思ったより早く帰ってきたと驚いて、玄関に出迎えにいき、覗き窓から見たのですが……。誰もいません。

〈なんだ。空耳か〉

そう思って振り向いたとたん、何かが目の前をふさぎました。私の鼻すれすれに黒いスーツ姿の男が立っていたのです。私の目線は背広の胸のあたりにあり、私は目をそらすことも、声を出すこともできないまま、その場に倒れました。そのはずみでドアに思いきり頭をぶつけ、一瞬、目をつぶりました。そして、もう一度目を開けたとき、その男は消えていました。

この世のものではないものの姿など、もう見たくはありません。でも、私の前にはまたいつか誰かが……。

土産《みやげ》のフランス人形――原田正隆（三十七歳）

仕事の関係でヨーロッパに行っていた近所のご家族が、三年ぶりに帰ってきました。以前から家族ぐるみのつきあいのあったご家族で、「また、よろしく」とご挨拶に来られました。

そのとき、お土産をかねて、ヨーロッパで使っていた日用品などを、なかば押しつけるような感じで持ってこられたのですが、そのなかに向こうで購入したという人形が二体ありました。体長三十センチくらいのフランス人形のような女の子の人形です。我が家には男の子がひとりいるだけでしたから、どうして人形をといぶかったのですが、ご近所の手前、とりあえずいただくことにしました。そのうち、ほしい人がいたらあげようと思ったのです。

いま思えば、あの日からおかしなことが起こりはじめたのです。

私は寝つきはいいほうで、熟睡するタイプなのですが、眠れない日が一週間ほどもつづきました。身体は疲れているのに、眠ろうとすると、目が冴えてしまうのです。金縛りにあうこともありました。

そんなある夜のことです。

妻と息子は一階の居間でテレビを見ていたので、私は二階の寝室に行き、ベッドに横になって本を読みながら、眠くなるのを待っていました。

すると、廊下を何度も何度も行き来する足音が聞こえてきます。

「トントン……トントン……」

まるで遊んでいるかのような足音でした。

「何してるの？」

息子が二階にやってきて歩いているのだとばかり思った私は声をかけましたが、返事はありません。

「トントン……トントン……」

足音はやみません。

「何してるの？　もう寝なさい」

私は起き上がって寝室のドアを開けましたが……、誰もいませんでした。

気のせいにしてはやけにはっきりと聞こえたのにと思いながらも、私はベッドに戻りました。その夜は久しぶりに眠気を感じ、ぐっすり眠れそうな気がしていました。ところがしばらくすると、

「トントン……トントン……」

また、足音です。

今度は息子を叱ってやろうと思って、起き上がりかけたのですが、どうしたことか、身体が動きません。綿のように重く、自由がまったくきかないのです。

そして、そのとき、あることに気がついて、ゾクッとしました。

その足音は、何か硬いものがぶつかるような音なのです。それに、妻や息子が廊下を歩くときの足音がドアを閉めた寝室のなかまで聞こえてきたことなどありませんでした。

鳥肌が立ちました。

そんな私の気持ちを見透かしたように、足音が寝室の前で止まったかと思うと、

「コン……」

小さな音をたてて、ドアがノックされました。

私の恐怖心は頂点に達していました。

渾身の力を振り絞り、枕元にあったシャープペンを握りしめると、構えました。硬直している身体にぐんぐん力が入ります。

そして、「スーッ」とドアが開き、私が構えたシャープペンを投げつけようとしたとたん、「何してるの?」と、妻が顔を覗かせました。

同時に私の身体はまったく元のように動かすことができました。

妻に事情を説明し、ふたりで、ご近所からいただいたお土産を置いてある部屋に行きました。あの人形に違いないと思ったのです。

妻は「ちょっと怖い気がして、段ボールのいちばん下に入れたんだけど」といいながら、部屋の明かりをつけました。

すると、段ボールの上にちょこんと二体の人形が載っていたのです……。

つぎの日、妻の友人で人形好きの人が、事情を説明したにもかかわらず、笑顔で二体の

人形を引き取ってくれました。その日から、私はよく眠れるようになり、金縛りにあうことも、足音を聞くこともなくなりました。

ただ、あの人形がどうなっているか、引き取ってくれた人が足音を聞くことはないのか、気になりますが、あえて忘れるようにしています。

目を開けたまま死んでいる猫に会ったら……——榛原佳那実(三十九歳)

あれは忘れもしない、小学校四年生の残暑厳しい季節のことでした。

当時、私たち家族は市営住宅に住んでいました。六軒がつながっている平屋の建物で、すぐ近くにはやはり市の団地が建ち並んでいました。市営住宅の庭は乗用車が二台入れる程度のものでしたが、どこの家も小さなプレハブの物置を作ったり、植木や菜園を作ったりしていました。動物を飼っている家も少なくありませんでした。

私の家にも柴犬が一匹いました。六歳のころ、母に妹か弟がほしいとねだり、まさか、そのかわりということはないのでしょうが、両親が買ってくれたのです。

そのころ、六歳上の兄が珠算で段まで取ったものですから、妹の私にも習わせようと、親に強いられるかたちで私はおなじ塾に通っていました。

その日も私はいつものように、塾に行くために自転車の前カゴにかばんを投げこんで、出かけようとしていました。すると、かわいがっている柴犬が「クーン」と鳴き声をあげ、すがるような目を私に向けました。なんだか、いつもとようすが違うような気がします。私には何かを怖がっているような目に見えました。

「どうしたの？　行ってくるね」

犬に一言声をかけると、私は庭の木戸を押して、自転車にまたがりました。

太陽はすでに西の彼方に傾き、夕暮れが迫ろうとしています。

いつもの道をいつものように塾に向かったのですが、なんとなく普段と違うような気がしてなりません。それが何なのか、しばらくして気づきました。いつもなら虫の声がしたり、隣の犬がほえたり、近所の子供やおばさんたちの話し声が聞こえたりするのですが、その日にかぎってなんだか静かなのです。

首を傾げつつ、私は自転車を漕いでいました。

市営住宅の並びをすぎ、団地の前を通り越すと、十字路があります。そこで自転車を止め、左右を確認しようとしたときです。「何か」が目に入りました。

初めは猫かなと思ったのですが、よく見ると小さな女の子でした。菊の柄の着物におなじような菊の柄入りの鞠を持っていました。ちょっと時代錯誤のような雰囲気もしましたが、大きな黒目がちの目に長いまつげが印象的でした。小さな唇は異常に赤くて、眉を隠すように切りそろえられた真っ黒な髪は肩まで伸ばしています。

女の子に向かって自転車を進ませると、「クスクス」と笑い声が聞こえました。もう一度目を向けると、女の子はニコニコと笑顔を見せていました。

とてもかわいい笑顔でした。まるで絵本のなかから出てきたような三、四歳くらいの女の子は屈託のない表情で私を見ていました。

〈どこの子かな？〉

そう思いながら、女の子の前を通り過ぎたとたん、私は絡みつかれるような、まとわりつかれるような、鋭い視線を感じました、全身にゾーッと鳥肌が立ちました。理由はまったくわかりません。このとき、不安と恐怖、そして好奇心が入り交じった奇妙な感覚があり、私はやめようと思いながらも、振り返ってしまったのです。

すると、そこにはさっきまでニコニコしていた女の子が、私を睨みつけるようにして立っていました。さっきまでのニコニコ顔などまったく消えうせ、唇の端を持ち上げると、「ニヤッ」と不気味な笑みを浮かべたのです。さっきまでクリクリしていた大きな目はなく、かわりに細く線のようになった目で、私をなめるように見ています。

そして赤い口が開かれると声をあげました。

「ニャーオ……」

その声を聞いた私は、髪の毛や産毛のすべてが逆立ちました。

不気味だったのは、その顔だけではありません。女の子の足は透き通っているように見えました。向こうの植木の生け垣が見えるのですから……。

私は弾かれるように走りだし、夢中で自転車のペダルを漕ぎました。

その日、それから塾に行って何をしたのかまったく覚えていません。振り払っても、振り払っても、あの光景が脳裏に浮かび、何も手につきませんでした。

そして、その夜のことです。

家族に恐ろしい女の子のことを話したのですが、誰も信じてはくれません。

私は仕方なく布団に入ったのですが、寝つけないまま、ぼんやりと薄暗い天井を眺めていました。

と、突然、身体に「ズシン」と重みを感じ、自由に身動きがとれなくなりました。布団の上に何かが乗っています。身をよじらせながら、首を持ち上げて布団の上を見ると、私のお腹の上に何か黒っぽいかたまりのようなものが乗って、何かが不気味に光っています。

それは……猫の目でした。

そのとき、思い出したのです。三週間ほど前、私は友達といっしょに学校から帰る途中の歩道橋を降りたところで、車に撥ねられたらしい子猫を見つけたのでした。二、三カ所、薄茶色の模様が入った真っ白なその猫は、轢かれてしまったのか、内臓が少しはみだしていました。かわいそうに思った私は、友達とふたりで子猫を埋めてやり、給食の残りのパンと牛乳を供えて、手を合わせたのでした。

その光景と、お腹の上に乗っている猫が重なりました。

助けを呼ぼうとしましたが、硬直してしまって声も出ません。そんな私を光る目がじっと見つめたまま、ゆっくりゆっくり顔に向かって這い上がってきます。

私は布団を引き上げると、頭からかぶってしっかり目をつぶり、心のなかで〈早く朝になれ、朝になれ〉と、祈りつづけました。

そのうち、「ピチュピチュ」と雀の鳴き声が聞こえはじめたので、やっと朝になったと飛び起きてカーテンを開けました。ところが、それはとんでもない「罠《わな》」だったのです。外はまだ暗い闇でした。

〈しまった！〉

と思ったときには、外のかすかな光が作り出した部屋のなかの影という影が奇妙な物体になり、私に襲いかかろうとしはじめました。私はふたたび布団に潜りこんで、丸くなり、朝が来るまで震えつづけていました。

布団のなかで、私は以前、母がいっていた言葉を思い出していました。

「目を開けたまま死んでいる猫は苦しんで死んだ猫。その目と目を合わせてしまったら、猫に取り憑かれて苦しめられることになるから気をつけて」

そういえば、私が埋めてあげた猫は目を見開いていました。そして、私はその目をしっかり見てしまったのです。

信じられないほど長い長い夜が終わり、朝の光が差してきて、恐怖からは解放されましたが、やはりあれは私が埋めた猫だったのでしょうか。

そして、私は本当に解放されたのでしょうか。いまでも、ある日突然、何かが起こるのではないかという不安が心の片隅に残っています。

病院の闇にうごめく影――近野聖子(二十七歳)

入院していた祖母が危篤だとの連絡を受け、駆けつけたときのことです。

病院に着いたときは、すでに午前○時をすぎていました。祖母は危険な状態ではありましたが、まだ大丈夫という医者からの説明があり、私は仮眠をとる部屋に案内してもらいました。両親は朝にならないと来られないので、その夜は私ひとりで待機しなければなりませんでした。

仮眠室といわれて案内されたのは小さな和室で、看護師さんが押し入れを開けて、布団の説明などをしてくれましたが、私の耳には入りませんでした。

なぜなら、私には小さな和室に所狭しと並んで正座して俯《うつむ》いている人々の影が見えたからです。最愛の人が亡くなるかもしれないという状況のなかで、じっと待っている人たちの思いが影をつくっています。そう、私には見えてしまうのです。死霊でも生霊《いきりよう》でもない残留思念のようなものさえ、感じるのです。

私はそんな場所で一夜を明かす気にはなれず、ロビーで朝を待つことにしました。

ところが、そこでもウロウロと歩きまわる何者かの気配を感じ、誰もいないのにブツブツとつぶやくような声も聞きました。

結局、私は一睡もできないまま、朝を迎え、祖母に付き添うために病室に入ったのですが、その瞬間、エアポケットに入ったような感覚に襲われました。つづけて、何かに引っ張られるような感覚を覚えたとたん、倒れてしまったのです。

意識がなくなったと思ったのは、ほんの一瞬のことでした。私はすぐに目を覚ましたのですが……。最初に見たのは、祖母のベッドの傍らに倒れている私自身の姿でした。

そこにようやく到着した両親が入ってきて、母は「眠るならソファに横になりなさい」といい、私は父に抱えられるようにしてソファに横たわりました。

私はその一部始終を見ているのです。ありえないことです。

〈自分の身体に戻らなければ！〉

いいようのない不安を覚えながら、そのことだけは強く思いました。このままでは二度と戻れなくなる、そんな気がしたのです。

私は急いで自分の身体に近づきました。するとまた何かに引っ張られ、つぎの瞬間、闇のなかにいました。ねっとりとした圧迫感のある、とても息苦しい闇です。そしていつの間に現われたのか、何人もの男や女や子供たちが「おいで……おいで……」と手招きを始めました。

その姿はどんどん闇のなかに溶けこみ、ただ何十本もの白い手だけが、くねくねと私を取り囲みました。

「おいで…おいで……」

小さな赤ん坊のような冷たい手が、私の膝に触れると、それを合図に皺《しわ》だらけの手が、ガシッと私の手をつかまえました。そして、つぎつぎにたくさんの手が伸びてきたのです。

手足がさまざまな方向に引っ張られました。身体がちぎれそうな感じです。

〈絶対に行かない！〉

私は心のなかで念じつづけました。

ここで応じたり、負けてしまったりしたら、「死ぬ」と思ったのです。

どのくらいの時間、抵抗していたのかわかりませんが、ふと身体が軽くなり、明るい光が見えたので、そちらに意識を向けたとたん、目が覚めました。

〈助かった……〉

大きく深呼吸すると、母が「ずいぶんうなされていたけど、大丈夫？」と、顔を覗きこんできました。両親は私の霊感の強さを知っているので、心配しながらも、私が〝戻ってくる〟のを待っていたようです。

「さっき、お隣りの病室のおじいさんが亡くなったというから、関係あるのかしら？」と母がいいました。

私はそれを聞いて、ゾッとしました。ありえなくはない話です。おじいさんは「ひとりで逝《い》きたくない」と、私を誘ったのではないでしょうか。

数多くの霊体験をしている私ですが、あとにも先にもいちばん怖い体験でした。

二見レインボー文庫

ナムコ・ナンジャタウン
「あなたの隣の怖い話コンテスト」事務局

2004年の夏、東京・池袋の屋内型テーマパーク「ナムコ・ナンジャタウン」で恒例の「あなたの隣の怖い話コンテスト」が開催され、日本全国から膨大な数の霊体験恐怖実話が寄せられた。本書は、そのなかから入賞作品をはじめ、50のとびきり怖い話を厳選収録したものである。

※「怖い話」の募集は、現在は行なっておりません。
※「ナムコ・ナンジャタウン」はリニューアルのため「ナンジャタウン」に名称変更となっております。

霊《れい》——誰《だれ》かに話《はな》したくなる怖《こわ》い話《はなし》

編者　ナムコ・ナンジャタウン
「あなたの隣《となり》の怖《こわ》い話《はなし》」コンテスト事務局《じむきょく》

発行所　株式会社 二見書房
東京都千代田区三崎町2-18-11
電話 03(3515)2311［営業］
03(3515)2313［編集］
振替 00170-4-2639

印刷　株式会社 堀内印刷所
製本　株式会社 関川製本所

落丁・乱丁本はお取り替えいたします。
定価は、カバーに表示してあります。
2016, Printed in Japan.
ISBN978-4-576-16136-5
http://www.futami.co.jp/

本書は、2005年5月に小社より発刊された文庫『本当に起きた心霊実話』の改装・改訂新版です。

Haruki Bunko
ハルキ文庫

た 23-1

高階《たかしな》杞《き》一《いち》詩《し》集《しゅう》

著者 高階《たかしな》杞《き》一《いち》

2015年8月18日第一刷発行

発行者 角川春樹

発行所 株式会社角川春樹事務所
〒102-0074 東京都千代田区九段南2-1-30 イタリア文化会館

電話 03(3263)5247(編集)
03(3263)5881(営業)

印刷・製本 中央精版印刷株式会社

フォーマット・デザイン 芦澤泰偉
表紙イラストレーション 門坂 流

ISBN978-4-7584-3931-2 C0195 ©2015 Kiichi Takashina Printed in Japan
http://www.kadokawaharuki.co.jp/[営業]
fanmail@kadokawaharuki.co.jp[編集] ご意見・ご感想をお寄せください。